OEUVRES

DE L'EMPEREUR

NAPOLÉON III

———

COMPTE RENDU

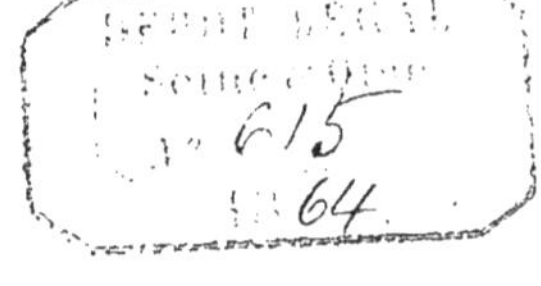

PAR LES MEMBRES DE LA COMMISSION

NOMMÉE PAR L'INSTITUT HISTORIQUE.

M. DE PONGERVILLE, DE L'ACADÉMIE FRANÇAISE, MEMBRE DU CONSEIL GÉNÉRAL DE LA SEINE.

M. J. BARBIER, PRÉSIDENT A LA COUR IMPÉRIALE DE PARIS,

M. J. P. VALAT, AGRÉGÉ ÈS-SCIENCES PHYSIQUES ET MATHÉMATIQUES, *RAPPORTEUR*.

———

EXTRAIT DE L'INVESTIGATEUR, JOURNAL DE L'INSTITUT HISTORIQUE DE FRANCE

LIVRAISONS 350, 351, JANVIER, FÉVRIER 1864. — XXXIme ANNÉE.

PARIS. — 1864.

MEMBRES PROTECTEURS

S. M. NAPOLÉON, III, Empereur des Français, Premier Protecteur.

S. M. DOM PEDRO II, Empereur du Brésil.

S. M. ABD-UL-AZIZ, Empereur de Turquie.

S. M. VICTOR-EMMANUEL II, Roi d'Italie.

S. M. GUILLAUME Ier, Roi de Wurtemberg.

S. M. LÉOPOLD Ier, Roi des Belges.

S. M. LOUIS II, Roi de Bavière.

L'INSTITUT HISTORIQUE

FONDÉ LE 24 DÉCEMBRE 1833

ET CONSTITUÉ LE 6 AVRIL 1834, POUR PROPAGER LES ÉTUDES HISTORIQUES

EN FRANCE ET A L'ÉTRANGER

SIÈGE A PARIS, RUE SAINT-GUILLAUME, 12.

M. RENZI, membre administrateur.

OEUVRES DE L'EMPEREUR NAPOLÉON III

COMPTES RENDUS

On se demandera peut-être à quel titre l'Institut historique entreprend l'appréciation de cet ouvrage ; nous répondrons que le prince Napoléon-Louis Bonaparte est membre de cette société depuis 1835, et que l'un des usages qu'elle a le plus à cœur de conserver consiste à rendre compte, dans la publication périodique de ses travaux, des diverses productions e ses membres, surtout de celles qui sont de nature à mériter son ap- .robation. C'est, en vertu de ses règlements, son droit et son devoir.

Ainsi a-t-elle agi lorsqu'en 1836 le chef d'escadron d'artillerie, M. Plivard, membre de la 3ᵉ classe, fit un rapport sur *le Manuel d'artillerie* publié par le prince Napoléon, membre de la 1ʳᵉ classe. (Voir le tome IV du journal de l'Institut historique, année 1836.)

Un motif plus grave eût décidé cette appréciation, ou plutôt ce compte rendu, si le premier n'eût point suffi ; c'est l'intérêt qui se rattache à des documents dont l'histoire contemporaine s'empressera de prendre note, et que, seul, l'Institut historique était en mesure d'indiquer et de fournir. — Il en offre deux, l'un dans le mémoire intitulé *Précis historique sur l'artillerie*, adressé le 3 octobre 1835, d'Arenemberg, et publié dans le tome III ; l'autre, dans le rapport déjà cité du chef d'escadron Plivard. Tous les deux se rattachent à l'œuvre publiée en 1862, et dont l'Institut historique a cru devoir s'occuper ; il en est peu, certes, d'aussi curieux à divers points de vue, qu'on n'a pas besoin d'indiquer.

Deux citations vont motiver, nous le pensons du moins, le jugement que nous venons d'exprimer ; la première est tirée du *Précis*, et ce sont les dernières paroles du prince.

« Le sort m'a refusé jusqu'à présent le bonheur de servir ma patrie ;
» mais il me reste du moins la consolation d'être citoyen d'un pays qui
» a su conquérir indépendance et liberté. Et d'ailleurs, les destinées de
» toutes les nations civilisées sont si étroitement liées ensemble qu'être
» utile à un peuple libre, c'est encore servir la France. »

La deuxième est la conclusion du rapport sur le *Manuel d'artillerie*.

« Nous pensons que le *Manuel d'artillerie*, publié par *notre collègue* le
» prince Napoléon-Louis Bonaparte, mérite d'occuper une place distinguée
» dans la bibliothèque des officiers français, et qu'il doit être un ouvrage

» précieux pour MM. les officiers de la République helvétique qui, sans
» doute, n'avaient point un aide-mémoire en rapport avec l'organisation
» particulière de leur artillerie et avec le nouveau matériel qu'elle vient
» d'adopter. En se rendant utile aux jeunes officiers de son arme, le prince
» Napoléon a dignement payé la dette de l'hospitalité, et il a démontré,
» pour me servir de ses expressions, que les neveux du capitaine d'artil-
» lerie de Toulon n'ont point dégénéré. »

Il est bien rare que l'œuvre littéraire ou scientifique d'un souverain
soit appréciée à sa juste valeur : autrefois, accueillie avec faveur, elle n'eût
rencontré que des admirateurs enthousiastes, pour peu qu'elle eût du
mérite et souvent malgré sa médiocrité. Quels éloges n'a-t-on pas prodi-
gués dans le dernier siècle à la prose ou à la poésie assez froide du grand
Frédéric, même avant qu'il eût conquis le glorieux surnom que lui ont
décerné les contemporains et la postérité! On savait gré aux princes et aux
rois de cultiver les muses au milieu de leurs graves préoccupations, sans
rien exiger de ceux qui, comme Léon X et Louis XIV, encourageaient les
savants et les honoraient, mais n'écrivaient pas. Les temps sont bien chan-
gés. Les rois ont perdu le prestige qui les environnait et les rendait l'objet
d'un culte respectueux : on ne les craint plus ; on les aime peu ; la critique
ne les ménage guère et dans ce qu'ils font et dans ce qu'ils ne font pas ; ·
on exige d'eux au delà de ce qu'on peut et doit attendre de l'homme, et
l'on est toujours disposé à leur refuser le mérite qu'ils ont réellement.
Ont-ils écrit quelque chose de bon (ce qui leur arrive parfois, il faut en
convenir) , on leur en conteste la propriété et l'on s'évertue à chercher
autour d'eux l'auteur anonyme et complaisant qui leur a cédé l'honneur
d'une œuvre applaudie à regret. Ont-ils, au contraire, échoué, ou se sont-ils
montrés au-dessous de l'attente publique, oh ! comme on leur reproche
cette tentative toujours louable comme un acte d'orgueil et de témérité.
On ne leur tient compte ni des veilles ni des efforts, et l'on condamne
jusqu'aux qualités de la composition que la critique équitable ose signaler;
l'envie, qui s'attache de préférence aux têtes les plus élevées, leur refusera
bientôt le mérite qu'on leur avait reconnu auparavant...

Est-ce à dire qu'il n'y ait plus de flatteurs ni de courtisans? Nous n'avons
garde de le croire, et leur race n'est point éteinte ; elle est tout aussi
vivace et aussi empressée, mais elle cache mieux son action ; elle loue avec
plus d'adresse et de prudence, imitant les diplomates qui ne livrent que la
moitié de leur pensée et en attendent le prix avant d'accorder le reste.

Il est malaisé d'éviter le double écueil d'une critique injuste ou d'une
louange exagérée dans le travail que nous avons entrepris. Et nous redou-

tons bien moins les erreurs d'appréciation, inévitables d'ailleurs en des matières aussi variées, aussi délicates. Il n'est qu'un mérite dont nous soyons jaloux et que nous réclamons, celui d'une entière franchise dans l'éloge comme dans le blâme, certain d'avance que l'Institut historique, dont nous avons dû accepter la mission honorable, mais périlleuse, nous accordera tout à la fois, et la bienveillante indulgence à laquelle il nous a accoutumé, et les avis qui peuvent atténuer nos erreurs ou les corriger.

Pour donner à nos lecteurs une idée de l'importance et de la nature des sujets traités en ces quatre volumes, nous croyons utile d'en offrir en quelque sorte le programme ou le résumé succinct : ce sera une excuse bien légitime de l'étendue que nous avons assignée à ce compte-rendu.

Sous le titre d'*Idées napoléoniennes*, publiées en 1840 à Londres, l'auteur présente l'historique et l'apologie du système de gouvernement civil et militaire, adopté par l'empereur Napoléon. La France avait perdu ses institutions par la révolution de 1789 ; il fallait, non les rétablir, mais les remplacer. Ce fut la mission glorieuse du Consulat et de l'Empire ; elle fut remplie. A la faveur d'une autorité dictatoriale, et par un ajournement nécessaire de libertés incompatibles avec la situation des esprits, le passé vint se rattacher au présent et préparer l'avenir ; la discorde civile s'éteignit, et une vive impulsion fut donnée aux arts, à l'industrie, aux sciences qui élevèrent bien haut l'influence civilisatrice de la France.

Le second écrit, composé sous les verrous en 1841, compare les deux restaurations accomplies en Angleterre et en France ; on y trouve leurs analogies comme leurs différences nettement appréciées.

Une lettre de M. de Lamartine à M. Chapuis-Montlaville, et qui renfermait une critique sévère du Consulat et de l'Empire, oblige le jeune historien, jaloux de la gloire de son oncle, à réfuter les accusations de M. de Lamartine.

Le quatrième écrit, qui date de l'année 1833, avait paru sous le titre de *Rêveries politiques*. M. de Chateaubriand, alors en Suisse, l'avait annoté ; mais on n'a pu retrouver ses observations.

Le cinquième offre une série d'articles sur divers sujets d'économie politique et occupent une partie du premier volume, ainsi que le commencement du deuxième. Extraits pour la plupart de journaux de l'époque, on les a réunis sous un titre commun : *Mélanges.*

Le deuxième volume contient en outre un Mémoire sur les moyens d'adoucir le sort des classes ouvrières, à la campagne et dans les villes ; — une discussion très-étendue sur la question des sucres, et les moyens de concilier les intérêts des colonies et de la métropole ; — un examen de la

loi du recrutement de l'armée; — des considérations politiques et mili·
taires sur la Suisse, souvenir de 1833 ; — une apologie des actes et de la
vie politique de Joseph Napoléon, mort à Florence en 1844 ; — enfin, une
étude sur les projets de jonction des océans Pacifique et Atlantique.

Le troisième volume est consacré à la collection des documents politiques, tels que discours, messages, proclamations, etc., de 1848 à 1855 ;
ouvrage du président de la République et de l'Empereur.

Le quatrième volume tout entier est un traité plus qu'une esquisse, à
la fois historique et scientifique, sur l'artillerie en France et à l'étranger ; il
a pour titre : *Du passé et de l'avenir de l'artillerie.* Cette composition capitale s'arrête à la moitié du xviie siècle, avant les guerres de Louis XIV.
L'époque moderne, la plus féconde en progrès, manque donc, ainsi que la
plus brillante période militaire de la monarchie ; on doit espérer que cette
œuvre sera continuée et achevée malgré les difficultés qui s'opposent à son
exécution.

I. — DES IDÉES NAPOLÉONIENNES.

Ce premier écrit porte la date de 1839 avec l'épigraphe :

> « Ce ne sont pas seulement les cendres, mais les
> » idées de l'Empereur, qu'il faut amener. »

Il s'inspire des circonstances vraiment dramatiques du retour triomphal
des restes du captif de Sainte-Hélène, qu'avait réclamés et obtenus le gouvernement de Juillet.

La composition est très-remarquable au point de vue historique, bien
qu'elle se recommande aussi par son mérite littéraire ; c'est une habile et
éloquente apologie de la conduite, du plan et surtout des intentions de Napoléon Ier, providence d'un peuple qui luttait péniblement contre l'invasion
et l'anarchie, fondateur d'un ordre nouveau et d'institutions qui ont survécu
à l'Empire et à plusieurs révolutions.

Le prince s'étonne d'abord et devait s'étonner que l'on accueillît avec
transport les cendres de l'Empereur, tandis qu'on exilait sa famille ; suivons avec lui les annales de l'Empire... Le général Bonaparte arrive
d'Égypte, précédé d'une immense réputation ; tous les regards se tournent
vers le héros, idole du peuple et de l'armée ; mettons-le en face de la

France déchirée par la guerre civile, envahie par l'étranger, privée des institutions qui ont fait sa gloire ou sa prospérité en des jours plus favorables, impatiente de voir renaître l'ordre, la sécurité, les arts de la paix, en un mot, avec le respect des lois ; elle tremble au seul nom d'une liberté qui s'est changée, tantôt en licence sans frein, tantôt en un effroyable despotisme. Bonaparte comprit cette situation, en vit toute la gravité, et jura de sauver la patrie. Nous croyons que ce premier mouvement fut pur de toute ambition personnelle. Il conçut et réalisa le dessein de faire une France nouvelle, en rétablissant ou créant les institutions que réclamait le vœu public, en relevant surtout le pouvoir avili... Tout était à faire dans ce chaos moral et matériel, où le crime et la vertu, la trahison et le dévouement, la bassesse et l'héroïsme, la cupidité et le patriotisme, confondus ou distincts, offraient aux yeux de l'univers étonné les contrastes les plus monstrueux ; le génie de l'homme semblait impuissant à fermer l'abîme. Napoléon ne recula pas devant une tâche surhumaine. Il dut commencer par la religion, base de l'édifice social, en ouvrant les temples ; il adoucit ainsi et consola bien des misères, tout en posant des digues au pouvoir envahisseur du clergé. Avec les débris des anciens parlements, il composa une magistrature forte, éclairée, surtout indépendante, et lui remit ce Code admirable, si longuement médité, œuvre de sagesse, que nous ont enviée les peuples les plus hostiles à l'influence française, avant d'en adopter les principales dispositions ; il encouragea les arts, les sciences et l'industrie, fonda l'Université, acheva ou éleva des monuments dignes de la grandeur de la nation, dont il préparait les hautes destinées. Ce tableau, dont nous empruntons les meilleurs traits à l'apologie des idées napoléoniennes, ne donne qu'une idée imparfaite des progrès accomplis en quelques années sous le premier Empire ; et deux révolutions n'ont pu détruire son œuvre, parce qu'elle répondait aux vœux comme aux besoins de la France ; donc il faut la conserver intacte dans tout ce que le temps a respecté et la compléter par la réalisation des idées qui n'ont pu être mises en pratique. Ce qui passe ou s'affaiblit avec les générations présentes, n'a pas pris racine et ne mérite pas d'être conservé ; ce qui subsiste après tant de bouleversements doit être défendu contre les attaques des partis : *On ne détruit que ce que l'on remplace,* a-t-il dit lui-même. Quels sont les reproches que lui ont épargnés les partis après ses revers ! Que la haine ou la crainte qu'il inspirait fut ingénieuse et profonde à lui imputer des torts ou des crimes dont il fut souvent innocent ! On l'accusa d'avoir renversé la République, lorsqu'elle entrait dans une ère nouvelle de modération et n'avait plus de sang à répandre sur l'échafaud, aimant mieux être le *Cromwel* de son pays que le *Washington* (1); d'avoir trop fait la guerre pour le malheur de l'Europe qu'il troublait par ses agressions, pour celui de la France deux fois envahie et vaincue; d'avoir détrôné des souverains qui le contrariaient ou le gênaient, afin de les remplacer par des instruments dociles de ses volontés; d'avoir opprimé les lettres, étouffé les voix de la presse, interdit la discussion aux représentants du pays, ou méprisé leurs représentations...

Ces griefs et quelques autres sont exposés avec une entière franchise par le neveu de l'Empereur, qui reconnaît sans hésiter que plusieurs ont été justement élevés; toutefois il veut que l'on ne perde pas de vue le but, éloigné sans doute, mais glorieux et honorable de tant de mesures transitoires et de circonstance. Il y avait, avant tout, urgence à consolider l'autorité, introduire l'ordre et la sécurité, concilier les partis, en étouffant les récriminations et les violences de langage qui rendaient la presse dangereuse; le système continental qui devait, en isolant l'Angleterre, abaisser sa puissance, lui mettait sans cesse les armes à la main, imposant à la France et à ses alliés des sacrifices temporaires et limités : mais il devait aboutir à la liberté commerciale des mers et à une paix universelle, heureuse pour les destinées de l'Europe, glorieuse surtout pour la France; fort de ses intentions, il brisait sans hésiter, non sans regret, les obstacles qui compromettaient le succès de ses plans d'avenir; on le vit accepter ou provoquer l'abdication de son propre frère Louis, parce qu'il n'adoptait pas pleinement ses idées.

Qui veut la fin, veut les moyens : c'est son excuse et sa justification voilà pourquoi à l'intérieur il fonde le culte, établit l'ordre, fait respecter la loi; à l'extérieur, il forme une puissante ligue contre l'éternelle et implacable ennemie de la France, qui l'oblige à une guerre perpétuelle; mais, à ces actes nécessaires d'une politique où ne se révèle que la moitié de sa pensée, il manquait un complément dont le *Mémorial de Sainte-Hélène* nous donne le secret : la dictature que rendait nécessaire l'attitude de l'Europe inquiète et armée, autant que la situation du pays devait être

(1) Citons ici les réflexions du *Journal de Sainte-Hélène* :

« Arrivé au pouvoir on eût voulu que j'eusse été un Washington; les mots ne coû-
» tent rien et bien sûrement ceux qui l'ont dit avec autant de facilité le faisaient sans
» connaissance des temps, des lieux, des hommes et des choses. Si j'eusse été en
» Amérique, volontiers j'eusse été un Washington et j'y eusse eu peu de mérite, car
» je ne vois pas comment il eût été raisonnablement possible de faire autrement.
» Mais si lui se fût trouvé en France sous la dissolution du dedans et sous l'invasion du
» dehors, je l'eusse défié d'être lui-même, ou, s'il eût voulu l'être, il n'eût été qu'un
» niais et n'eût fait que continuer de grands malheurs. Pour moi, je ne pouvais être
» qu'un *Washington couronné.* »

remplacée par un régime libéral, au dedans comme au dehors ; la liberté était au bout des sacrifices qu'il imposait. Il n'eut pas le temps d'achever son œuvre; ce fut un tort d'avoir voulu exécuter en dix ans ce qu'il pouvait réaliser en vingt ou en trente ; les succès qu'il avait ob'enus, les triomphes inouïs de nos armées, les travaux accomplis sur tous les points de l'Empire ne sauraient-ils l'excuser d'avoir cru à son étoile, et d'avoir tenté l'impossible ? Il s'avançait ainsi vers le terme qu'il avait assigné à ses desseins, peu compris ou mal interprétés, sans s'effrayer de la grandeur des obstacles, sans compter les ennemis qu'il avait si souvent vaincus.

A ces aperçus historiques, dont nous ne saurions contester la justesse, il faudrait joindre les considérations politiques d'une grande portée qui les accompagnent, parce qu'elles manifestent une sagacité rare même dans un esprit mûri par l'adversité, et dans une vie dévouée de bonne heure au travail; ces vues sont moins remarquables encore par la fermeté ou la hauteur des principes qui font l'homme d'Etat, que par la sagesse et la modération des actes qu'il conseille ou prescrit.

En politique, il faut bien le reconnaître, pas de règle absolue; pas de principe sans réserve ou sans restriction; le bien y est toujours relatif comme le mal et plus que lui. Ceux qui ne voient qu'un aspect des choses, jugent bien faussement les desseins d'un gouvernement qui ne peut tout dire, ni tout expliquer; il a le plus souvent devancé la critique, et reconnu le côté faible d'une résolution; il ne s'abstient pas, pourtant, parce qu'il a vu aussi le côté fort, c'est-à-dire la raison d'Etat et d'intérèt public pour laquelle il a travaillé.

César, à qui l'on a comparé Napoléon, conserva les formes républicaines que celui-ci détruisit; tous les deux agirent logiquement, en obéissant aux vœux de la nation, à son génie ; l'un aussi républicain par ses mœurs et ses institutions, ouvrage des siècles, que l'autre était monarchique par tous ses instincts. (1)

---

(1) Laissons parler le captif de Sainte-Hélène s'élevant avec indignation contre les calomnies et les injures dont on le poursuivait dans son exil (voir le *Mémorial*, à la date du 1er mai 1816).

« J'ai refermé le gouffre anarchique et débrouillé le chaos; j'ai dépouillé la révolu-
» tion, ennobli les peuples et raffermi les rois. J'ai excité toutes les émulations, récom-
» pensé tous les mérites et reculé les limites de la gloire : tout cela est bien quelque
» chose ! Et puis sur quoi pourrait-on m'attaquer, qu'un historien ne puisse me dé-
» fendre? serait-ce mes intentions? mais il est en fonds pour m'absoudre. Mon despo-
» tisme? mais il démontrera que la dictature était de toute nécessité. Dira-t-on que
» j'ai gêné la liberté? mais il prouvera que la licence, l'anarchie, les grands désordres,
» étaient encore au seuil de la porte. M'accusera-t-on d'avoir trop aimé la guerre?

Ce rapprochement fournit au jeune historien l'occasion de rectifier l'erreur commune, accréditée par la plupart des écrivains qui aiment l'anecdote. On a toujours attribué à César la prétention ridicule de prendre le titre de roi si odieux aux Romains ; la mémoire du grand homme doit être justifiée de cette puérile accusation, car au défaut des documents qui peuvent l'appuyer, il suffit d'ajouter l'autorité du simple bon sens pour la détruire comme inconciliable avec la merveilleuse intelligence de César.

La manie souvent déplorable que nous avons d'imiter les institutions qui n'ont pas été faites pour nous, est une des plus funestes aberrations de l'esprit français : le prince ne manque pas de la signaler et d'indiquer les dangers d'une importation que repoussent nos mœurs et notre caractère. En marchant sur les traces, tantôt de Rome républicaine, tantôt de l'Angleterre parlementaire, nous commettons un véritable anachronisme, et mettons en péril nos propres institutions, celles qu'une longue habitude, la tradition et nos usages ont consacrées ou rendues indispensables.

Au dedans il faut donc continuer l'œuvre de l'empire en conciliant les partis, accueillant toutes les capacités, ouvrant aux exilés la barrière qui les arrête et les sépare de leur patrie, organisant le crédit public, embellissant Paris et les villes de la province, favorisant le travail et soulageant les misères du peuple soit directement, soit indirectement, par des établissements de bienfaisance et de secours mutuels.

Au dehors, trois politiques seulement sont possibles : la première, de propagande révolutionnaire ; elle est usée, odieuse ; la seconde, de paix à tout prix ; elle est indigne d'une nation qui marcha toujours la première à la tête de la civilisation européenne ; la troisième, de modération et de dignité, libérale avec mesure, bienveillante et conciliatrice, surtout désintéressée : tel fut, tel doit être le programme de l'empire sous l'inspiration des idées napoléoniennes, dont la sagesse et l'opportunité se révèlent à toutes les consciences.

Ce tableau historique nous a paru frappant d'exactitude et de vérité. Les considérations qui le suivent, sont aujourd'hui plus saillantes peut-être qu'il y a vingt ans, lorsqu'elles furent écrites ; la situation actuelle de la

» mais il montrera que j'ai toujours été attaqué. D'avoir voulu la monarchie univer-
» selle ? mais il fera voir qu'elle ne fut que l'œuvre fortuite des circonstances, que
» ce furent nos ennemis eux-mêmes qui m'y conduisirent pas à pas. Enfin sera-
» ce mon ambition ? ah ! sans doute, il m'en trouvera et beaucoup, mais de la plus
» grande et de la plus haute qui fut peut-être jamais ! Celle d'établir, de consacrer
» enfin l'empire de la raison et le plein exercice, l'entière jouissance de toutes les fa-
» cultés humaines...

France leur donne un intérêt particulier, et nous ne jugeons point utile de présenter quelques légères critiques de détail devant un ensemble d'idées aussi remarquables et aussi noblement exprimées. Le libéralisme le plus exigeant a droit d'être satisfait du présent et peut attendre le complément des libertés que notre époque ne saurait exercer sans péril ; les conservateurs les plus timides ont tout à espérer d'un système conciliateur et modéré, qui ne répudie aucun des bienfaits du passé, sans renoncer à ceux d'une civilisation progressive, et le rôle nouveau assigné à la France est le seul digne d'elle ; servant d'exemple aux autres nations, elle leur laisse le libre et plein exercice de leurs aptitudes et de leurs facultés.

II. — FRAGMENTS HISTORIQUES.

Cet ouvrage, composé en mai 1841 au fort de Ham, est d'une touche plus ferme et révèle dans son auteur une maturité de talent que les méditations d'une prison d'État ont développée ; il offre une comparaison intéressante des deux époques solennelles de la vie de deux peuples rivaux de gloire et de puissance, qui ont traversé des révolutions pareilles dans leurs phases diverses, pareilles aussi dans leur dénoûment et qui marchent comme de concert avec le même succès dans la voie industrielle, que le xixe siècle semble avoir choisie de préférence à toute autre : destinées étranges qu'il est donné à bien peu de penseurs de comprendre et d'expliquer.

Le premier de ces drames se passe en Angleterre et se termine à l'avénement de Guillaume III, en 1688 ; le deuxième s'arrête en 1830, et nous osons croire qu'il s'est arrêté aussi à l'avénement du deuxième Empire ; c'est notre conviction sincère et celle des vrais amis de notre patrie, qui a bien le droit de jouir paisiblement des libertés de 1789, si chèrement payées du sang et des sueurs de ses enfants.

Quarante ans à peine séparent Charles Ier de Guillaume III, et ce court espace de temps suffit à quatre révolutions civiles et politiques plus encore que religieuses, d'où surgissent les institutions libérales de la Grande-Bretagne, et, par elles, les prodigieux développements de son industrie, de sa fortune coloniale et de son commerce. Ce qui la préserva des secousses qui suivent pour l'ordinaire un tel bouleversement dans la condition sociale des peuples, ce fut, d'un côté, la conservation des mœurs, usages, institutions et lois, qui se perpétuèrent avec de très-légères modifications, comme dans des époques de calme ; de l'autre, l'union des classes hautes, moyennes ou inférieures, qui arborèrent à la fois le même drapeau. — Le drame qui s'accomplit en France ne nous a point paru tracé avec la même sûreté de jugement (nous n'en pouvons être surpris), plusieurs détails manquent d'exactitude ; mais les différences capitales qui séparent et distinguent les deux époques en sont signalées et retracées avec fidélité. On y reconnaît l'entraînement fatal qui causa nos malheurs ; la foule enthousiaste se rue sur le vieil édifice de la monarchie, entassant ruines sur ruines, et ne s'aperçoit du vide qu'elle a fait autour d'elle que lorsqu'il ne reste rien du passé : telle est la première et grande différence qui existe entre les deux situations. Il en est une seconde non moins capitale : la liberté politique ne fut point séparée en Angleterre de la liberté religieuse, ou, pour mieux dire, la nouvelle religion avait déjà conquis par la violence, la ruse ou la persévérance, l'universalité de la nation. En France, la religion du peuple fut opprimée, proscrite, outragée sous de vains prétextes ; on la crut complice de la royauté, et toutes deux furent condamnées en même temps ; il est inutile d'ajouter que les résistances d'une grande partie de la noblesse vinrent accroître la violence des passions, fournir aux partis l'occasion de soulever les masses contre un régime odieux, et rendre plus énergique l'action d'un pouvoir en quelque sorte dictatorial.

Charles Ier, Charles II et Jacques II avaient tenté de réunir en leurs mains inhabiles l'autorité qui leur échappait, en se réglant sur Louis XIV, devenu seul maître après la ruine de la féodalité, dont les derniers chefs avaient été abattus par la main de Richelieu ; ils méconnurent leur siècle et l'esprit de la nation anglaise, qui, fière d'avoir conquis ses libertés religieuses avec Henri VIII, était impatiente d'obtenir sa liberté politique par l'exécution de la grande charte ; l'œuvre de rénovation était donc accomplie à moitié et la résistance n'avait qu'un appui, la cour, et une cour pleine de trahisons, comme on sait ; le choc pouvait être violent, mais il devait être court et la victoire certaine permettait la modération.

Il n'en fut pas de même en France, où la lutte semblait périlleuse seulement pour la liberté : car la cour, le clergé et l'aristocratie s'unirent d'abord, faisant cause commune ; on peut même douter raisonnablement de l'issue d'un tel combat, si on admet que les résistances eussent été combinées et unanimes, mais il y eut défection dans la noblesse et le clergé ; la défense fut faible, timide, irrésolue, et le caractère de Louis XVI, qui eut toutes les vertus de l'honnête citoyen, contribua puissamment à la ruine de la royauté qu'il ou r u moins, s'il ne sut pas la défendre : le flot populaire, comme ur rent grossi par les orages, brisa tout dans sa fureur, et l'édifice entier, privé de tous ses appuis, allait périr, si la Providence ne lui suscitait un sauveur.

Un gouvernement, quelle que soit la forme du pouvoir, ne vit qu'à l'aide des institutions dont le temps, l'expérience et les aptitudes du peuple l'ont entouré, soit pour régulariser son action, soit pour le défendre contre l'invasion ; elles ont leur origine et leur autorité dans les mœurs, les usages et le respect qu'elles inspirent ; incomplètes ou défectueuses, elles n'en remplissent pas moins un rôle essentiel et conservateur ; qu'elles soient corrigées, complétées, et en quelque sorte rajeunies pour s'accommoder aux temps et aux progrès de la civilisation, nous l'admettons ; mais les détruire sans savoir comment on pourra les remplacer, c'est abattre l'arbre au lieu de l'émonder ou de le tailler. La conduite prudente et loyale de Guillaume, intervenant si à propos pour fermer les plaies sanglantes des révolutions successives qui avaient déchiré l'Angleterre, est appréciée avec une sagacité remarquable, et l'on cesse de s'étonner de la grandeur d'une nation aussi habilement dirigée : le prince appelé à remplacer Jacques II ne demande rien, ne manifeste aucune prétention ; il attend tout de la légalité et ne prend du pouvoir que ce qu'on lui en offrait ; il a garde de se précipiter vers le trône où il eût pu se placer sans obstacle et sans résistance ; il s'avance avec lenteur et réserve, toujours prêt à respecter les limites qui lui sont assignées et à reconnaître les droits de chacun : ce sont de belles pages qu'il faut méditer à quelque degré de l'échelle sociale que l'on soit placé.

La situation du général Bonaparte, avant comme après le Consulat, fut autrement périlleuse, et l'on ne peut comparer deux positions aussi différentes ; tout était à faire, ordre civil ou politique, finances, administration, justice, instruction publique....., et la dictature seule pouvait sauver la France. On lui reproche le 18 brumaire, qui fut le premier acte de l'Empire ; est-ce lui qui en conçut la pensée ? Il n'eut pas la peine d'y songer ; car c'était une pensée commune, générale, la pensée de tous ; certes, on doit croire que lui-même en avait compris l'opportunité, et qu'il a pu se passer un pénible combat dans son esprit, avant la détermination à laquelle il se dut arrêter Une restauration n'était-elle pas alors impossible, illogique, absurde, et fatale, en un mot, pour le prétendant qui eût affronté les périls d'une telle situation ; fatale pour la nation, qui plus que jamais avait besoin d'un bras ferme et puissant ?

III. LETTRE A M. CHAPUYS-MONTLAVILLE.

(23 août 1843.)

C'est la réponse à des reproches que M. de Lamartine avait adressés à la mémoire de l'Empereur, au sujet d'un Plutarque français, à l'usage du peuple, dont le plan avait été communiqué à M. Chapuys-Montlaville ; elle a pour objet spécial de défendre le Consulat et l'Empire, contre les accusations ou les exagérations du grand poëte.

Cette protestation, écrite avec un sentiment de modération et d'estime respectueuse, qui n'exclut ni l'émotion, ni la dignité, prouve une fois de plus que la véritable éloquence vient du cœur :

Pectus est quod disertos facit.

Voyons la critique d'abord : *Napoléon, arrêtant le mouvement révolutionnaire, au moment où il cesse d'être convulsif pour devenir créateur, a fait rétrograder les principes de 1789 ; rétablissant l'ancien régime, il asservit la presse, opprime la religion, étouffe la liberté par quelques épisodes de gloire, et conduit deux fois l'Europe dans Paris.*

Le prince avoue que l'acte du 18 brumaire fut une violation de la Constitution de l'an III ; mais il soutient que cet acte sauva la France et la république, qui allaient périr par le désordre, la corruption et le mépris public pour un gouvernement sans force et sans dignité ; licence au dehors dans l'armée ; licence au dedans par l'impuissance du pouvoir ; liberté nulle part, avec des lois d'exception et l'arbitraire des proscriptions ; crédit anéanti ; trésor vide ; rentes tombées à 11 francs ; brigandage partout : n'était-ce pas le cas de recourir aux grands remèdes ! Le *caveant consules* était la formule du moment suprême.

« *La France*, a dit un esprit des plus positifs, M. de Cormenin, *effrayée du* » *dehors, inquiète du dedans, court au-devant d'un homme, les mains pleines* » *de pouvoir, et s'écrie en le voyant : Sauvez-moi.* »

Les populations maritimes violent les lois de la quarantaine, pour le conduire plus vite à terre, répétant : *Nous aimons mieux la peste que les Autrichiens.*

Le Premier Consul accomplit l'œuvre à laquelle il est appelé, rétablissant l'ordre, donnant à la loi et à la justice l'autorité qu'elles n'avaient plus, ramenant les républicains divisés, rappelant les exilés, faisant grâce aux déportés, royalistes ou jacobins, pacifiant la Vendée, rouvrant les églises au culte, réconciliant la France avec le pape ; il soulage toutes les infortunes, celle de la veuve de Bailly, comme celle de la sœur de Robespierre ; au dehors, que de faits merveilleux ! quels exploits ! L'Italie est conquise ; l'Autriche refoulée, et l'Allemagne lui doit une nouvelle existence politique, par une constitution qui fait disparaître deux cent quarante-trois petits Etats fédéraux.

On peut, ajoute le neveu de l'Empereur, blâmer plusieurs actes du

Consulat et de l'Empire, signaler des fautes ou des erreurs ; on peut incriminer sa politique, mais après avoir reconnu hautement les bienfaits dont l'Europe et la France lui sont redevables, et la puissance du génie qui a rempli seul de son nom et de ses œuvres une période de quinze ans, la plus féconde en héros et en illustrations de tout genre.... Il faut tout lire, l'éloge et la critique, puiser à toutes les sources, pour connaître la vérité. Lisons l'ouvrage de **M.** de Cormenin *sur la centralisation ;* le rapport de **M.** de Villemain sur *l'instruction publique ;* consultons les documents recueillis par le capitaine de vaisseau Laignet ; parcourons les statistiques criminelles, les annales de la science et de l'industrie : — quels arguments le prince n'eût-il pas trouvés, dans le monument admirable élevé à la mémoire de Napoléon, par M. Thiers, qui justifie la plupart des actes du Consulat et de l'Empire, rassemblant dans une magnifique énumération tous ses droits à la reconnaissance de son pays et du monde entier.

Le reproche le plus amer et le plus sensible au cœur de l'écrivain, est celui des revers qui humilièrent et abaissèrent la France ; il en est contristé, autant que M. de Lamartine. Il les déplore ; mais ici l'histoire a répondu en faisant connaître les causes nombreuses et diverses des désastres dont l'Empereur fut la première victime. Après avoir tenté, pour les prévenir, tout ce que pouvaient le courage et le génie militaire ; après avoir, dans son infortune, excité tour à tour l'admiration et le respect, la crainte et la stupeur chez ses ennemis eux-mêmes, il a longuement expié ses fautes ou ses erreurs. Enfin, rendant hommage au talent de l'illustre poëte, il regrette de le voir employé à dénigrer une mémoire qu'il devait respecter ; a-t-il lui-même su se garantir du paradoxe et de l'erreur, en soutenant contre toutes les données historiques, qu'il fallait donner à Carthage l'influence civilisatrice généralement attribuée à Rome ?... Comment s'est-il montré dur et impitoyable envers les infortunes inouïes de Napoléon, lui dont la voix harmonieuse sut trouver des accents consolateurs pour les Bourbons et des arguments pour justifier leurs erreurs ! « *M. de Lamar* » *tine,* dit le prince, *a des regrets et des larmes pour les violences du minis* » *tère de Polignac ; son œil reste sec et sa parole devient amère au spectacle de* » *nos aigles, tombant à Waterloo, et de notre Empereur plébéien mourant à* » *Sainte-Hélène.* »

IV. — RÊVERIES POLITIQUES.
(1832.)

Cette étude eut l'honneur d'appeler l'attention de Chateaubriand qui l'avait annotée ; ces observations ont été perdues. Il eût été curieux de voir comment l'éloquent défenseur de la branche aînée des Bourbons avait apprécié la pensée du neveu de l'homme qu'il avait attaqué avec tant de violence. Rapprochés sur la terre de l'exil, et tous les deux éprouvés par l'adversité, il est probable qu'ils se fussent trouvés d'accord dans leurs appréciations ; car il s'agissait d'une critique vive et passionnée du gouvernement issu de la Révolution de 1830. Est-il bien vrai que ce gouvernement, transaction entre la monarchie de Charles X et la république, ait mérité les accusations dont il est l'objet dans cet écrit, qui nous a paru inférieur aux précédents, comme composition littéraire et comme critique?

Le programme de Lafayette, qui croyait inaugurer la république sous la forme d'une monarchie, était-il réalisable ? On serait injuste d'accuser de mensonge, ou de déloyauté, le roi qui acceptait la tâche laborieuse et difficile de gouverner à d'impossibles conditions : on voulait une monarchie bourgeoise, populaire, capable de conserver ou de rétablir les libertés de 1789, sans réveiller les souvenirs de 1793. Louis-Philippe fut fidèle à ce vœu national, et la prospérité commerciale ou industrielle témoigne, autant que la liberté dont jouit la France, en faveur d'un règne auquel on doit dix-huit années de tranquillité. En nous exprimant avec franchise sur la portée d'un écrit qui n'est qu'une protestation en faveur de la dynastie napoléonienne, puisque, en 1832, il était impossible de prévoir quelle marche suivrait le gouvernement de Juillet à peine assis, nous rendrons justice au mérite de quelques idées, qui révèlent un grand sens politique, ou complètent l'appréciation du Prince sur la valeur des idées napoléoniennes.

« *Chaque époque*, dit-il, *a ses besoins impérieux ; chaque convulsion de la société demande un remède différent.* »

La France fut inquiète, avec juste raison, des attaques violentes portées à la Charte de 1815, et crut que c'était le premier acte d'une réaction contre les principes de 89 ; mais elle était loin de désirer une république pour laquelle elle n'est point faite.

« *La dictature de Napoléon Ier nous menait à la liberté, comme le soc de fer qui creuse le sillon prépare la fertilité des campagnes.* »

Nous l'admettons et croyons à la sincérité des confidences de Sainte-Hélène, bien que nous soyons d'avis que l'Empereur avait pris pour arriver à son but, le chemin le plus long et le plus difficile.

V. — MÉLANGES.

Sous ce titre, nous rencontrons une suite d'articles, détachés pour la plupart du *Progrès du Pas-de-Calais*, ou de quelque revue de l'époque trop courts évidemment pour une discussion sérieuse et approfondie, ils offrent néanmoins un double intérêt, au point de vue historique et des tendances d'un esprit logique à ramener tous les faits de l'ordre social à un principe unique ; ils occupent une assez grande partie du premier et du deuxième volume, au nombre de vingt-quatre. En voici la nomenclature :

1° *Du système électoral.* Il est fondé sur le suffrage universel, exercé par deux colléges, l'un d'arrondissement, l'autre de département, avec des formes diverses et des attributions spéciales ; ainsi le dernier a seul le privilége de présenter trois candidats pour le sénat, les députés doivent être rétribués pendant toute la durée de leurs fonctions actives. Quelques-unes de ces dispositions, comme on le voit, ont plus tard trouvé en partie leur application.

2° *L'exil.* Plainte touchante, qui est bien propre à faire comprendre les rigueurs de la raison d'Etat invoquée dans les lois d'exception ; les vaincus ont donc comme les Romains, achetant de Brennus leur liberté, à subir et le malheur de leur défaite et l'injustice du vainqueur, qui se croit dégagé de toute obligation d'honneur ou de probité à leur égard ; l'exil cesse pour les petits, il est sans terme pour les grands et les princes, doublement malheureux sans être plus coupables.

3° *Du parti conservateur.* Les principes d'ordre et de conservation ont leur mérite et sont respectables dans une certaine mesure ; mais faut-il conserver ce qui nous est nuisible, le régime parlementaire, dont nous ne savons pas nous servir et que nous avons pris aux Anglais ? Plus sages que nous, ils respectent les institutions qui conviennent à leurs mœurs, et favorisent les progrès de leur industrie ou de leur commerce. Gardonsnous de les vouloir imiter en tout. Ces sages réflexions se résument dans ce conseil d'un à-propos piquant :

« *Prenons si l'on veut l'habit de nos voisins ; il n'y a pas grand mal à se rendre plus ou moins ridicule ; mais coupons-le à notre taille.* »

4° *Liberté individuelle en Angleterre.* C'est avec raison que le prince admire le respect de la loi anglaise pour la personne ; de là naît cette haute confiance que chacun a en ses droits, en sa force, en lui-même ; la valeur de l'individu s'accroît naturellement de l'opinion qu'il s'en forme, la résistance à l'arbitraire devient un devoir. L'Anglais n'est pas seulement libre d'user ou d'abuser de sa propriété, il se sent libre de faire tout ce que la loi n'interdit pas, il ne connaît pas les visites domiciliaires, ne subit pas de détention préventive, il sait en un mot ce qu'il vaut et ce qu'il peut. « *Il y a,* dit-on, *plus de liberté en Angleterre et plus d'égalité en France.* » Napoléon appréciait nettement la différence qui sépare ces deux nations en s'adressant au conseil d'État : «*Il n'y a point d'esprit public en France, parce qu'il n'y a point de propriétés fixes, indivises ; l'Angleterre est un pays fortement constitué, où chacun a sa place marquée dans l'ordre social.*» Si ces idées nous paraissent vulgaires maintenant à force d'être vraies, n'oublions pas combien à cette époque elles furent neuves et profondes.

5° *Un aperçu sur l'organisation militaire de la Prusse.*

6° *Aux mânes de l'Empereur.* Le retour de l'Empereur mort, réclamé par la France qui l'avait tant aimé, dans le sein de laquelle il eût voulu vivre et mourir, inspire au Prince, prisonnier avec Montholon, une invocation des plus touchantes, bien qu'empreinte d'une amertume excusable.

7° *L'union fait la force.* Enseignement historique emprunté au souvenir de la chute de Jacques II, roi d'Angleterre.

8° *Détails curieux sur les études mathématiques de l'empereur Napoléon.* (*Lettre du* 6 *décembre* 1842 *à M. Thayer, insérée dans le* Progrès du Pas-de-Calais.)

9° *Réflexions sur la traite des nègres.*

10° *Opinion de l'empereur sur les rapports de la France avec les autres puissances.* (Mars 1843.)

11° *L'opposition; critique sur les conditions d'existence de l'opposition parlementaire.* (Avril 1843.)

12° *Nos colonies dans l'océan Pacifique.* (Juin 1841.) Cet intéressant sujet d'études, toujours utile à méditer, ne fut jamais plus opportun que dans cette période d'accroissement prodigieux qui étend et multiplie notre influence et nos relations commerciales ; il fournirait la matière d'une discussion pleine d'espérance pour l'avenir de notre marine. Tel qu'il a été envisagé dans l'horizon étroit qui bornait nos possessions, il a le mérite d'esquisser un tableau des avantages comme des inconvénients qui résultent d'une colonisation lointaine. Ce point de vue a donc actuellement encore une incontestable utilité : il offre, aujourd'hui, comme à l'époque de la publication de ces idées, des indications précieuses sur les lieux favorables, insignifiants ou dangereux, que la France peut occuper. Un tel choix, on le conçoit, est d'une extrême importance pour la sécurité de notre commerce, pour le développement de notre marine militaire ou marchande, pour l'économie de notre budget...

On trouve, dans cet écrit très-substantiel, des vues utiles et des avis dont on peut tirer parti ; plusieurs aperçus ont perdu de leur importance ou de leur opportunité. En thèse générale, le prince blâme l'acquisition de points éloignés, cause incessante de guerres ruineuses, parce qu'ils sont plus exposés et moins bien protégés. Aussi n'approuve-t-il pas l'acquisition des îles Marquises et des îles de la Société; il admet, au contraire, l'utilité de Taïti, recommande l'occupation de la Guyane pour l'approvisionnement de la Guadeloupe et de la Martinique. En principe, il ne reconnaît comme utiles ou nécessaires que deux sortes de colonies dans les mers lointaines; la première, dans un but commercial; la deuxième, dans un but militaire; car il faut à la métropole des marchés pour l'échange de ses produits, et des stations pour y abriter et ravitailler les flottes qui doivent faire respecter le drapeau français et protéger les transactions commerciales. Mieux qu'aucun peuple du continent européen, les Anglais ont su résoudre le double problème par leurs nombreuses possessions qui embrassent le globe, et par leurs postes militaires qui, partout, assurent la sécurité de leur marine marchande.

13° *La paix ou la guerre.* (Juin 1843.) Examen critique de la ligne de politique extérieure du gouvernement de Juillet.

14° *Les conservateurs et Espartero*, suite ou complément de l'article précédent. (Juillet 1843.)

15° *Améliorations à introduire dans nos mœurs et nos habitudes parlementaires.* (Octobre 1843.) Elles sont en grande partie empruntées à une étude approfondie, faite par l'auteur, des habitudes parlementaires anglaises. Il demande notamment la suppression de la tribune et des discours écrits, il veut que chaque orateur parle de sa place et ne vienne pas lire une harangue.

16° *Les spécialités* (Décembre 1843.) Les réflexions présentées dans cet article n'ont point pour objet de vanter et de recommander les hommes spéciaux à l'exclusion des esprits d'une instruction plus étendue; elles s'adressent à un abus que l'on peut reprocher à plus d'un gouvernement, mais qui, dans la pensée de l'écrivain, était une des erreurs de l'époque. Il s'agit d'une confusion de rôles dans le choix des ministres : on voit un industriel diriger la marine, un magistrat régler les travaux publics ou régenter les beaux-arts; c'est une erreur déplorable de mettre un homme, habile d'ailleurs, à la première place vacante, par la seule raison qu'avec de l'esprit on est propre à tout faire; la fortune publique s'accommode mieux d'un système qu'indique le sens commun, celui qui met chacun à sa place; le président du conseil peut seul se dispenser d'une condition de spécialité dont il n'a pas besoin. L'histoire ne confirme pas toujours cette théorie, et nous avons vu des magistrats diriger avec succès les finances ou la guerre, comme des hommes d'épée diriger avec sagesse les affaires civiles, parce que certaines natures actives et intelligentes acquièrent rapidement l'expé-

2

rience dont elles ont besoin, et savent surtout employer avec discernement les spécialités qu'elles ont à leur diposition.

17° *Le clergé et l'État.* (Décembre 1843.) Article inspiré par le débat qui s'agitait alors à propos de l'instruction publique.

18° *Vieille histoire toujours nouvelle.* (Août 1844.)

19° *La paix.* (Novembre 1844), et 20° *Les nobles.* (Décembre 1843.) Articles de polémique et de censure gouvernementale.

21° *Des gouvernements et de leurs soutiens.* (Octobre 1843.) Peu d'écrits sont comparables à celui-ci pour la finesse et la haute raison des vues politiques qu'on y trouve présentées avec une remarquable concision : ce sont des aphorismes que l'homme d'Etat méditera avec fruit.

Le gouvernement qui manque d'appui doit tomber au premier choc; les expédients ruineux ou dangereux que l'on imagine pour y suppléer n'ont qu'un temps; le jongleur de Niagara, Sampatch, qui plongeait dans l'abîme, finit par y être englouti; échafauder n'est point bâtir; l'ancien régime eut deux soutiens puissants, la noblesse et le clergé; il tint bon jusqu'à ce que les appuis lui manquèrent à la fois. Un gouvernement qui veut durer, cherchera sa force morale dans son principe, et sa force matérielle dans son organisation. Le tout est de bien choisir ses amis et de bien connaître ses ennemis; l'empereur tira sa puissance de *la souveraineté du peuple* dont il se fit le défenseur, et sut organiser la France, dont il tendit peut-être trop fortement les ressorts. C'est à cette œuvre qu'il faut revenir, pour l'achever, et comme il le disait avec conviction : « *On ne détruit que ce que l'on remplace.* »

22° *Lettre de Louis-Napoléon à sa mère.* (Octobre 1836.) Ce récit émouvant dans sa noble simplicité, d'une aventure audacieuse jusqu'à l'héroïsme et qui dut faire trembler plus d'une fois le cœur d'une mère, renferme aussi les circonstances du départ de France et du voyage du Prince en Amérique. Il se termine par une pensée bien propre à peindre un caractère énergique, supérieur à la mauvaise fortune :

« On peut regretter ce qu'on a perdu, sans se repentir de ce qu'on a fait. »

23° *L'idéal.* Chant de douleur sur les déceptions réservées à l'homme, traduit de Schiller, à la Conciergerie. (Août 1840.)

24° *A quoi tiennent les destinées des empires.* (Revue de l'Empire, 1843.) Encore un de ces incidents que l'histoire enregistre comme pour nous montrer la vanité de nos entreprises, et attester l'impuissance du génie à triompher des obstacles que la Providence place sur sa route.

Un mot eût changé la face de l'Europe et rétabli la fortune de l'Empereur, mais il vint *trop tard.* Napoléon en vingt jours a traversé la France, il est à

Paris et déjà il a retrouvé les périls que lui dérobait sa marche triomphale; le 27 mars, il s'entretient avec son frère Joseph des menaces de la coalition qui se forme contre lui, lorsque celui-ci ouvre l'avis de gagner Pozzo di Borgo dont il avait été l'ami, par des offres de fortune et d'honneurs capables de satisfaire son ambition; lui-même, dans la pénurie du moment, fournit l'argent qui manquait, et dépêche à Vienne un ami commun, porteur de la somme et des propositions.

Mais des obstacles imprévus arrêtent le voyageur, qui n'arrive que le 12 mai; c'était trop tard : Pozzo di Borgo depuis quelques heures seulement avait décidé les souverains à une coalition nouvelle, et déclare qu'il regrette de ne pouvoir défaire son ouvrage. L'anecdote est curieuse, et, pour la seconde fois, l'étoile de Napoléon a pâli; l'expédient de Joseph fut-il bien exécuté? Qui fut négligent ou malheureux dans cette occasion, dont l'importance était si bien sentie par l'empereur et son frère? Quelle est la nature des obstacles qui troublèrent la mission du messager impérial et en ajournèrent si longtemps l'exécution? Il est à regretter que ces détails n'aient pas été livrés à la publicité : en complétant l'histoire de cette mémorable époque, ils eussent servi de leçon et fait mieux comprendre le prix du temps qui n'appartient pas à l'humanité, bien qu'elle en soit parfois témérairement prodigue.

VIᵉ DISSERTATION.—EXTINCTION DU PAUPÉRISME.

(fort de Ham, mai 1844.)

Le Prince prend soin, dans un court avant-propos, de nous avertir que son but principal a été d'exposer les moyens de procurer le bien-être aux classes ouvrières, ce qui est aussi travailler quoique indirectement à l'extinction du paupérisme.

Cette intéressante étude renferme deux parties : l'une résume les ressources disponibles et l'organisation actuelle de l'industrie agricole ou commerciale; l'autre expose la réforme qui peut changer le sort des classes ouvrières. En abordant le premier point de son sujet, l'auteur se préoccupe de l'avenir de l'agriculture, dont les progrès rencontrent un obstacle puissant dans l'extrême division de la propriété, incompatible avec les procédés perfectionnés de la grande culture; il déplore l'absence de toute organisation régulière du travail, proclame la nécessité de diminuer les frais de production afin d'accroître la consommation ; enfin demande avec une politique plus ferme au dehors comme au dedans, une répartition meilleure de l'impôt.

Ces difficultés préalables dont il n'exagère point la gravité, mais qui sont de nature à faire échouer ses vues d'amélioration, il cherche à les vaincre : 1° par l'association des petits propriétaires exploitant en commun leurs biens ruraux ; 2° par un appel des ouvriers aux travaux de la campagne à l'aide d'un salaire plus élevé ou de conditions meilleures; 3° par une suite de mesures tendant à rendre propriétaire la classe ouvrière et laborieuse.

Quant au plan de réorganisation qu'il propose, il est fondé sur la mise en rapport de 1,900,000 hectares de terres incultes et presque sans valeur, dont le prix moyen est de 8 fr. par hectare; donnez-en les deux tiers à l'association ouvrière, sous la seule condition de payer aux propriétaires actuels la valeur qu'ils lui assignent eux-mêmes; on aura donc 1,266,666 hectares à exploiter, dont le revenu croîtra rapidement ; l'Etat fournira la mise de fonds soit pour l'achat du terrain, soit pour les premiers frais d'exploitation ; environ 300 millions payables en quatre ans : placement magnifique, dont l'État tirerait en dix ans 8 millions de revenu.

Ne pouvant entrer dans les détais de ce système économique et libéral, il nous suffit d'indiquer la formation d'un corps de prud'hommes destiné à éclairer de ses conseils et défendre les ouvriers classés et distribués en pelotons de dix pour un prud'homme; on établirait des colonies agricoles, d'abord en petit nombre, puis une par département, qui comprendrait *l'atelier du travail* et *l'asile du pauvre*. L'objet de ces établissements serait tantôt d'accroître la production, tantôt de recueillir le superflu de la population agricole, pareils à ces bassins de réserve qui reçoivent les eaux du Nil, soit pour les retenir, soit pour les répandre selon les besoins.

L'auteur a le soin de dresser avec une attention scrupuleuse le tableau des dépenses que réclame la réalisation de son plan, il y joint celui des recettes et fait ressortir les avantages qui résulteraient et pour l'État et pour la classe ouvrière de ce système ingénieux. Nous voudrions partager les convictions généreuses de l'écrivain, et croire surtout à l'extinction du paupérisme que ce projet doit réaliser; mais, outre l'immense difficulté d'une répartition équitable, selon la capacité, l'intelligence et l'activité de chaque ouvrier, nous devons craindre les vices de ces associations trop semblables aux corporations anciennes dont la révolution de 1789 nous a débarrassés; nulle institution ne saurait, à notre avis, stimuler à la fois l'intelligence et l'activité de l'ouvrier, comme la liberté du travail et la libre concurrence, sauf les garanties d'ordre et de sécurité que donne une sage politique. L'importance des considérations qui précèdent ne nous a pas permis de signaler un certain nombre de pensées judicieuses que nous regrettons de n'avoir pu détacher de l'ouvrage ; essayons de combler cette lacune en citant au hasard quelques-unes de celles qui nous ont frappé par leur sens philosophique ou économique.

Nous ne produisons pas trop, comme on l'a dit sans motif ; nous ne consommons pas assez.

Le triomphe du Christianisme a détruit l'esclavage ;

Le triomphe de la Révolution française a détruit le servage ;

Le triomphe des idées démocratiques détruira le paupérisme.

Nous tenions d'autant plus à ces citations, qu'elles résument d'une manière aussi fidèle que concise tout le plan de l'article.

VIIe ÉTUDE — ANALYSE DE LA QUESTION DES SUCRES.
(Fort de Ham, août 1849.)

Peu de questions ont présenté autant d'intérêt, et ont soulevé autant de discussions ; à l'époque de la publication de cette œuvre sérieuse, les principes opposés de l'économie politique étaient en présence, et ce qui est plus grave, il s'agissait ou d'anéantir une des plus belles créations de l'industrie indigène, ou de perdre nos colonies ; on n'admettait pas de milieu entre ces alternatives, et c'était pitié que d'entendre les plus éminents publicistes prononcer froidement la sentence de proscription, comme une nécessité impérieuse d'abord, et comme un bienfait même après mûres réflexions. On assistait à des scènes de Molière, comiques, si elles n'eussent pas abouti à des conclusions aussi rigoureuses. Coupez votre bras droit, disait-on à la pauvre malade, le bras gauche s'en trouvera mieux ; arrachez un de vos yeux qui fonctionne trop bien aux dépens de l'autre, celui-ci s'en trouvera parfaitement.

Le Prince, en abordant ce sujet avec le caducée en main, était dans les dispositions les plus favorables pour traiter la question d'une manière impartiale, nous dirons plus, avec un zèle égal pour la conservation des deux industries. La cause des colonies était celle d'une partie de sa famille, et l'empereur avait créé l'industrie sucrière en France par droit de conquête scientifique. Il ne veut donc sacrifier aucune des deux, et, dans son désir d'en concilier les intérêts, il fait une patiente et longue étude des principes économiques, apprécie leurs conséquences, et s'inspire de cette belle pensée de Montesquieu :

La passion fait sentir, mais jamais voir.

On sait que la perte de nos colonies, ou, ce qui revient au même, les difficultés des communications pendant la guerre continentale, inquiétant le gouvernement sur les approvisionnements de la France, un décret du 25 mars 1811 provoqua la culture de 32,000 hectares en betteraves, et offrit un million pour l'encouragement de la fabrication du sucre et de celle du pastel négligé depuis l'introduction de l'indigo. Le 27 janvier 1812, Benjamin Delessert reçut la croix de la Légion d'honneur en récompense de ses travaux ; tandis que les journaux anglais raillaient l'industrie naissante et faisaient des épigrammes sur le sucre de betteraves, le gouvernement anglais s'en effrayait ; l'inventeur, M. Achard, était secrètement sollicité d'avouer que son procédé était défectueux. En 1800, on lui offre 50,000 fr. ; en 1802, on va jusqu'à 200,000 pour obtenir cet aveu mensonger. L'offre est repoussée : Humphry Davy à son tour, dans son traité de chimie agricole, en 1815, déclare que le sucre de betteraves est amer. Le citoyen faisait mentir le savant. Ces manœuvres demeurèrent sans effet. La Restauration protégea une industrie qui prospérait ; il n'en fut pas de même après la Révolution de juillet ; la fabrication française donnait 7 millions de kilogrammes contre 88 millions fournis par les colonies. Le gouvernement semblait prendre à tâche d'arrêter les progrès de l'industrie nationale par diverses mesures oppressives :

1° L'abaissement de la surtaxe qui pesait sur les sucres étrangers ;

2° La suppression des primes pour l'importation ;

3° L'égalité fictive du rendement des sucres raffinés, étrangers ou indigènes.

Ces modifications fatales à la fabrication française, proposées en 1832, furent adoptées en 1833. Ce n'était pas assez : en 1835, on proposa une taxe sur le sucre de betteraves ; repoussée, elle reparaît en 1837 avec plus de faveur et l'on admet un droit de 11 fr. par 100 kilogrammes à prélever à partir du 1ᵉʳ juillet. Enfin, on ajoute un impôt de 5 fr. 50 en 1839. Les résultats de ces mesures ne se firent pas attendre : 166 fabriques furent fermées sans amélioration pour les produits coloniaux, luttant péniblement avec les sucres étrangers, et la baisse continua. La crise de 1839 obligea les gouverneurs de la Martinique et de la Guadeloupe à permettre l'exportation du sucre par tout navire et pour toute nation. Une mesure illégale parut nécessaire pour favoriser la vente du sucre colonial sur le marché français : on opéra un dégrèvement qui devint fatal au sucre indigène ; et la lutte subsistait en 1840 et 1841. Fallait-il continuer un système tout aussi désastreux pour les colonies que pour la production française ?

Ici commencent des séries de calculs dont l'analyse est impossible : essayons d'en présenter les éléments essentiels, sans oublier qu'ils sont établis pour l'année 1843 (ou plutôt pour 1840 ou 1841). La France recevait environ 120 millions de kilogrammes et en exportait 10 ; or, les colonies n'en fournissaient que 80 ; il en restait 40 à demander d'un autre côté, et certes il valait mieux les demander à l'industrie française qu'aux étrangers. Or, nous étions loin du trop plein, lorsqu'en 1840, 389 fabriques, disséminées dans quarante départements, ne donnaient que 26,926,562 kilogr. sur 44,347 hectares cultivés en betteraves. Examinant de plus près cette fabrication et les intérêts divers qu'elle favorise, il est aisé de se convaincre de son importance à plusieurs égards : creusons donc le sujet, il en vaut bien la peine à présent comme alors.

1° *Intérêts généraux*. Admettons seulement 30,000 hectares en culture produisant 8,800,000 quintaux métriques dont la valeur brute est de 14 millions de francs, l'industrie s'en empare et en extrait 40 millions de kilogr. de sucre, qui valent 48 millions de francs ; en sorte que cette culture entraîne un mouvement de 96 millions (1), sans y comprendre les frais du raffinage, et laissant de côté la pulpe qui forme une excellente nourriture pour le bétail. Enfin ajoutons, en omettant plusieurs détails, que les 389 fabriques occupent plus de 50,000 ouvriers et plus de 100,000 employés ou chefs (les familles comprises). Ce coup d'œil d'ensemble sur l'importance d'une fabrication agricole et industrielle qui n'est point encouragée, et tient cependant une si grande place dans nos marchés intérieurs, va s'éclaircir encore par l'examen des applications que nous allons parcourir sommairement (2).

2° *Intérêts agricoles.*—On ne saurait nier que *l'agriculture est loin d'avoir atteint tous les perfectionnements désirables.* (Et, malgré d'incontestables progrès, avec tous les encouragements qu'elle a reçus, ce qui était vrai en 1843 est encore vrai aujourd'hui.) Or, sur 24,118,944 hectares de terres labourables, il y en avait 6,763,181 en jachères ou misérablement cultivés, au point de ne produire que 13 fr. 25 par hectare. (*Voir* la Statistique agricole de la France, dont la surface totale est évaluée à 52,738,618 hectares.)

Ces terrains cultivés en betteraves donneraient 159 fr. par hectare, aug-

(1) Y compris la réserve de l'année courante.
(2) On sait que l'importance de cette production a augmenté dans une proportion considérable ; mais le sucre colonial ayant à son tour perfectionné et agrandi ses produits, on peut dire que les deux industries sont dans une situation analogue à celle de 1840-41.

mentant le revenu agricole annuel de 983 millions de francs. Remarquons en outre, que cette plante est celle qui exige avec des engrais considérables le plus de travaux à la main, et, par suite, améliore la terre le plus complétement. Ainsi le champ qui est ensemencé après une récolte de betteraves, fournit un dixième de blé en sus de ce que donne toute autre culture; et ce blé pèse davantage, se vend mieux ; jugeons de ce qui peut être par ce qui est. En outre, utile au bétail en lui offrant une nourriture excellente à l'époque la moins favorable pour son alimentation, la betterave a pris place sur un grand nombre d'exploitations rurales où l'on ne fait pas du sucre, ce n'est pas trop dire que d'évaluer à 57,660 hectares le terrain qu'elle occupe. Enfin, s'intercalant dans les assollements triennaux, sans occuper le même sol plusieurs années de suite, on parvient à une culture de 173,000 hectares.

L'opinion de M. Ducos, député de la Gironde, sur la culture du tabac qu'il préfère à celle de la betterave, est combattue avec énergie par l'auteur de cet écrit ; elle est également réfutée par M. Molroguier dans son intéressant ouvrage intitulé *Examen de la question des sucres*. Le plus bel éloge de la culture de la betterave est celui qu'en font spontanément les agriculteurs qui renoncent en sa faveur aux avantages d'une plante aussi précieuse et aussi enviée que le tabac. Une erreur plus grave est commise sur le même sujet par *M. le baron Charles Dupin (Observations au conseil général d'agriculture)*. Voulant relever l'importance des colonies (en quoi l'on n'a garde de le blâmer), il a singulièrement rabaissé le mérite de la fabrication indigène (ce qu'on lui peut reprocher, parce qu'il se trompe dans ses calculs). Le sol de nos quatre colonies, assure-t-il, surpasse 12 millions d'hectares, c'està-dire comprend presque le quart de la France, et équivaut à vingt et une fois le département du Nord ; mais il n'ignore pas que c'est le terrain cultivé qui produit, et, par suite, que ce doit être le seul qu'il faut compter. Or, sur 12 millions d'hectares, nos colonies n'ont que 164,513 hectares en culture, dont 64,508 en sucre ; la France n'a que 27 millions d'hectares cultivés sur 52 : donc en retranchant les terrains non cultivés des deux côtés, nous reconnaîtrons que l'importance coloniale, au point de vue agricole, n'est pas représentée par un 1/4, mais par 1/64 de la France, et que c'est précisément la moitié ou un peu moins du département du Nord.

3º *Intérêts industriels.*—Bornons-nous, dans cet ordre d'idées, à une seule observation : l'agriculture, on le sait et on le déplore, qui tient le premier rang dans les arts utiles, est négligée par ceux qui vivent au milieu des champs; la population des villes s'accroît au préjudice de celle des campagnes ; l'ouvrier, mieux payé, mieux nourri, est envié du paysan qui vit misérable, et n'a ni les loisirs, ni la force intellectuelle que donne le séjour des villes. Il y aurait donc un immense avantage à réunir dans une exploitation rurale le double avantage de l'industrie et de l'agriculture ; un salaire plus élevé, des moyens d'instruction plus complets et plus faciles, un emploi des facultés intellectuelles plus étendu ; voilà les avantages des usines, qui comptent toutes dans leur sein des capacités sans cesse appliquées à perfectionner l'œuvre à laquelle tant d'ouvriers, naguère obscurs, doivent leur fortune et leur considération.

4° *Intérêts maritimes et coloniaux.*—Sur ce terrain, les adversaires du sucre indigène triomphent en disant que la prospérité de notre commerce extérieur et la puissance de notre marine dépendent de la conservation de nos colonies. L'exemple des États-Unis, qui, sans colonies, font le plus grand commerce du monde, prouve que l'assertion est fausse en général, et dans son principe comme dans ses applications. Cependant, nous sommes loin de nier l'influence que les colonies exercent sur le commerce, et nous pourrions citer aussitôt la richesse coloniale des Anglais, des Espagnols et des Hollandais ; il faut donc, pour apprécier l'argument à sa juste valeur, calculer l'importance de l'industrie sucrière ; or, on le sait, ce trafic n'est qu'une faible partie de nos importations ou exportations. Ajoutons que deux des colonies que nous possédons prospèrent malgré l'abaissement de production du sucre : Bourbon et Cayenne sont en voie de progrès. Ainsi, dans la période de 1835 à 1840, le mouvement de navigation s'est accru de treize navires, jaugeant 7,328 tonneaux pour Bourbon ; de neuf navires, jaugeant 2,916 tonneaux pour Cayenne. La même période quinquennale a présenté, sur le chiffre des exportations et des importations, un accroissement de 6,110,464 fr. pour Bourbon, et de 1,582,929 fr. pour Cayenne. Enfin, l'année 1841 a vu s'élever encore les importations de Bourbon en France dans une proportion considérable. Concluons que le malaise de nos colonies, dont on fait une objection contre le sucre indigène, doit s'entendre seulement de la Martinique et de la Guadeloupe.

Renfermons la question dans ses limites naturelles, en calculant sur les données officielles de la marine la part de navigation affectée au service des colonies (années 1836, 1837 et 1838) ; la moyenne des bâtiments est de 300, et celui des marins de 4,174. Or, on compte en moyenne, tant pour les voyages au long cours que pour le cabotage, 32,637 marins, et l'inscription maritime en contient 96,700 (année 1840). Le commerce des colonies sucrières n'emploie donc que le huitième des marins naviguant tous les ans et le vingt-troisième de l'inscription maritime. Ces calculs nous paraissent concluants en faveur de la thèse du prince qui démontre jusqu'à l'évidence l'utilité, la nécessité même du maintien des protections, d'ailleurs temporaires, que réclame l'industrie française, sans perdre de vue ses intérêts coloniaux.

Un tableau comparatif du mouvement de la navigation de concurrence, qui augmente de 59 p. 0/0, de 1833 à 1840, avec celui de la navigation réservée, le relevé du nombre d'hommes compris dans l'inscription maritime, de 1836 à 1842, qui indique une augmentation de 30,000 environ, conduisent le prince à deux conclusions qui paraîtront paradoxales, si, au lieu de les appliquer à une période spéciale, on en fait des principes généraux : 1° *l'activité de la navigation de concurrence est en raison inverse de l'activité de la navigation réservée; 2° les intérêts généraux de la marine sont en opposition avec les intérêts coloniaux.*

Il est malheureusement trop vrai de dire que la routine et le bien-être ralentissent notre activité en la limitant; le doux climat et la fécondité du sol invitent à l'oisiveté, comme on le voit en Espagne, en Italie et dans l'Amérique centrale ou du Sud; l'âpreté des saisons, la stérilité d'une terre qui ne peut être vaincue que par un travail incessant, excite si bien les facultés de l'homme, qu'il prospère et s'enrichit dans les conditions physiques les plus rebelles. Est-ce une raison pour préférer une situation défavorable ?

Ainsi, les colonies offrent à la fois un marché avantageux et facile, des échanges plus lucratifs et des stations commodes, parfois indispensables; mais si, contente de ces sortes de transactions, la métropole borne son ambition et ses vœux à l'unique exploitation des colonies en négligeant les nombreuses sources de richesses que lui offre le monde entier, devant lequel ces colonies ne sont qu'un point, elle mérite de décroître en puissance, en crédit, en influence, de passer, en un mot, du premier au dernier rang dans l'ordre des nations commerçantes. Les efforts d'un gouvernement éclairé, vigilant et actif, comme ceux des individus qui s'occupent de commerce ou d'industrie, doivent tendre à multiplier les moyens d'échange par une augmentation des produits échangeables, à perfectionner les procédés de fabrication, à compléter les voies de communication. Pourquoi refuserait-on de profiter des facilités que donnent les colonies, sous prétexte qu'elles arrêtent le développement du commerce de concurrence, comme si l'un de ces commerces devait empêcher l'autre?

5° *Intérêts du trésor.*—On a dit que la fabrication du sucre indigène diminue les recettes du fisc, et les négociants du Havre ont évalué à 15 millions la perte qui en résulte. Ce calcul, qui porte sur les droits que payent les sucres étrangers, dont le chiffre s'éléverait à 45 millions de kilogrammes, n'est point exact, puisque l'importation ne peut dépasser 30 millions qui complètent l'approvisionnement de la France. Il faut donc réduire la perte à 7 ou 8 millions. Il y a plus : laissez croître et se perfectionner l'industrie (1) indigène qui a déjà fait tant de progrès, et vous arriverez bientôt à une situation telle que le sucre de France pourra être taxé comme l'est le sucre étranger, bien qu'il soit aisé de prouver qu'il supporte déjà des taxes considérables dans les salaires, bâtiments d'exploitation, appareils, outillages, etc., qui servent à sa préparation. En suivant le régime de la taxe que les amis du Trésor veulent augmenter, il faudrait en conclure qu'il vaut mieux sacrifier et le sucre de betterave et le sucre des colonies au sucre étranger ; car alors on préléverait sur 110 millions de kilogrammes les droits que l'on perçoit sur 30 millions, et le trésor y gagnerait 40 millions au lieu de 8.

6° *Intérêts des consommateurs.* Les défenseurs de la liberté illimitée du commerce font valoir les intérêts des consommateurs, en proclamant la vérité de ce principe : *à chaque pays sa production naturelle,* et, partant de là, ils comparent la betterave, qui ne contient que 10 p. 0/0 de matière saccharine, à la canne, qui en contient 21, concluant aussitôt qu'il faut sacrifier la première à la seconde. L'axiome n'est pas contesté. Il est bien évident que les plantes ont besoin pour naître, croître et se développer, d'un milieu spécial, et que, transportées d'un pays à un autre moins favorable, elles périssent ou dégénèrent ; mais il est permis de contester l'application, car, en l'adoptant rigoureusement, les trois quarts de la France et une immense étendue du globe verraient disparaître, ici la culture de la vigne, là celle des céréales, par la raison péremptoire qu'il y a des terrains privilégiés, des plus favorables à ces genres de production. L'argument est vigoureux, et cependant nous l'abandonnons pour compléter la comparaison des deux industries rivales. A côté de la fécondité du sol ou de la question des produits, se trouvent et l'économie des moyens, et la facilité des voies de communication dont il faut tenir compte. Ainsi, l'hectare de terrain planté en betteraves donne 15 à 1,600 kilogr. de sucre brut (parfois au delà, jusqu'à 2,000) tandis que le même terrain planté en cannes n'en produit que 1,400 ; c'est donc 100 à 200 kilogr. de plus. Joignons à ce désavantage les frais de transport qui ne peuvent guère diminuer, et tenons compte des progrès de fabrication que l'on doit attendre du perfec-

______

(1) Cette industrie s'est enfin étendue et développée à tous les points de vue dans une proportion bien remarquable ; le Prince l'avait prédit.

tionnement des arts industriels en France appliqué à une invention encore récente. Enfin la protection temporaire dont il s'agit est autorisée par le célèbre ministre Huskinson, qui, disciple d'Adam Smith, déclarait « *qu'il ne fallait mettre les industries nationales en lutte sur le marché intérieur avec les rivalités extérieures, que lorsqu'elles pouvaient soutenir la concurrence ; car alors non-seulement on multiplie les échanges, mais encore on donne aux fabricants indigènes une crainte qui leur sert de véhicule.* (Extrait de l'ouvrage déjà cité de M. Molroguier, p. 321.)

La cherté du sucre indigène dépend de deux causes : du procédé d'extraction qui tous les jours s'améliore, et du prix de la main-d'œuvre supérieur à celui du travail de l'esclave. La première cause s'amoindrit rapidement ; la deuxième va disparaître par l'émancipation prochaine et inévitable des esclaves. Une dernière considération, qui doit peser dans la balance, résulte du vil prix de la marchandise que l'on n'obtient qu'au détriment du salaire ; de là l'extrême misère de nos voisins, qui contraste si tristement avec la prospérité de leur commerce et de leur industrie. Une publication récente constatait que dans les dernières années (1838 à 1841), l'industrie anglaise avait triplé sa production en diminuant d'un tiers la solde des ouvriers ; de sorte que de 15 millions sterlings, la somme consacrée à cette partie des frais de fabrication s'est réduite à 10 millions ; mais aussi la détresse a été grande dans la classe ouvrière, et a causé des perturbations qui ont affecté profondément la prospérité de la Grande-Bretagne. L'empereur, avec ce génie pénétrant qui sondait les profondeurs de la science sociale, assigne aux divers éléments de la richesse nationale la place qui leur convient ; et nous croyons qu'il a trouvé la seule solution du problème. Citons ces aphorismes dont la concision est le moindre mérite :

L'agriculture est la base et la force de la prospérité du pays.

L'industrie est l'aisance, le bonheur de la population.

Le commerce extérieur, la surabondance, le bon emploi des deux autres.

Celui-ci est fait pour les deux autres ; les deux autres ne sont pas faits pour lui.

Les intérêts de ces trois bases essentielles sont divergents, toujours opposés.

La discussion semble terminée ; la lumière s'est faite dans ces débats contradictoires, aussi remarquables au point de vue théorique et des grandes doctrines de l'économie sociale, qu'au point de vue historique et pratique des faits. La conclusion devait être prophétique et l'a été. Les deux industries doivent coexister et prospérer l'une à côté de l'autre, de manière à offrir un heureux accord des sages principes d'une conservation prudente et protectrice, avec la liberté de commerce que réclament les théories modernes des économistes. Cette longue discussion est complétée par quatre chapitres qui traitent successivement : 1° *Des droits et de l'avenir des deux industries; 2° de l'égalité d'impôt; 3° de l'alliance des divers intérêts; 4° d'un résumé du travail.*

Dans le premier, l'un des plus importants sans doute, s'il n'était pas une simple ébauche du sujet, il examine les procédés divers de fabrication, indiquant les progrès accomplis et les progrès à faire dans chacune des parties de la transformation de la matière saccharine ; ce qui permet à l'auteur de prédire avec confiance une période prochaine de perfectionnement si favorable à l'industrie indigène que celle-ci pourra être taxée à l'égal du sucre colonial ; toutefois, il démontre dans le chapitre suivant qu'une égalité d'impôt serait imprudente, inique même, et ruinerait celle qu'il importe de conserver à tant de titres.

Le cinquième chapitre, ou l'avant-dernier, est consacré à poser les bases d'une alliance des divers intérêts liés aux industries du sucre ; il appelle l'intervention des hommes spéciaux, pour l'élaboration d'un plan sagement organisateur et conservateur, capable de stimuler chacune des sources de production, sans décourager ou froisser chacune d'elles ; à ce sujet se trouve rappelée l'utile institution du Conseil d'Etat qui a rendu de si éminents services à l'Empire ; le sixième et dernier chapitre résume la discussion et la termine par ces paroles que met le Prince dans la bouche du représentant de l'industrie indigène devant les Chambres.

« *Respectez-moi, car j'enrichis le sol, je fertilise des terrains qui sans* » *moi resteraient incultes ; j'occupe des bras, qui sans moi resteraient oisifs.* » *Enfin je résous un des plus grands problèmes des sociétés modernes ;* » *j'organise et moralise le travail* (1). »

VIII. — PROJET DE LOI SUR LE RECRUTEMENT DE L'ARMÉE.
(AVRIL ET MAI 1843.)

Ce morceau reproduit, en les développant, les idées que l'auteur

(1) La question qui agitait et troublait les esprits en 1841, agite encore et trouble la France aujourd'hui; car elle n'a pas reçu de solution satisfaisante; toutefois deux points sont acquis au débat : le premier, c'est la nécessité légale de la coexistence des deux industries, toutes les deux en voie de progrès et de prospérité ; le deuxième, c'est une simultanéité de plaintes et de récriminations, qui témoignent seulement de la crainte et des défiances que l'une d'elles inspire à l'autre : en sorte qu'un examen équitable des tarifs et taxes ou immunités peut et doit intervenir pour faire droit à des réclamations, fondées peut-être, mais certes d'un intérêt secondaire.

avait déjà émises dans ses Mélanges, relativement à l'organisation militaire de la Prusse.

IX. — CONSIDÉRATIONS POLITIQUES ET MILITAIRES SUR LA SUISSE.

(EXIL. — ARENEMBERG. — JUILLET 1833.)

Le jeune écrivain (il avait à peine vingt-cinq ans) réclamait l'indulgence de ses lecteurs dans une préface de quelques lignes. La Suisse, sa patrie d'adoption, avait subi en 1815 des conditions d'organisation intérieure dont elle cherchait à se dégager, lorsque la Révolution de Juillet lui en fournit l'occasion ; c'est à ce sujet et en présence d'une constitution nouvelle que parurent ces considérations.

Quoi, s'écriera-t-on, la Suisse avait besoin d'une réforme et la République était sous le joug ! Il ne faut pas se payer de mots ; la République est une forme de gouvernement, non un principe ; qui dit république, dit gouvernement de plusieurs ; et c'est souvent l'aristocratie qui exerce le pouvoir, comme à Rome, à Venise ; dès lors le peuple peut être gouverné despotiquement, comme dans l'Italie du moyen âge. Faut-il donc s'étonner que la Suisse, après avoir essayé de quatre ou cinq constitutions, ait réclamé en 1801 la médiation de Napoléon, qui réunit à Paris les députés des cantons, et parvint à leur faire signer un acte de pacification, qui fit le bien du pays jusqu'en 1814 ? La Suisse avait été heureuse avec l'alliance française et comme d'autres devint ingrate en livrant passage aux cohortes du nord ; ce fut l'époque choisie par l'aristocratie pour saisir le pouvoir et en abuser.

1° Les élections ne sont point générales; de là, point d'unité, parce qu'il manque un pouvoir central capable d'imprimer une direction utile.

2° La presse est muette et la publicité n'existe ni dans le cours de la justice, ni dans les délibérations de la diète, ni dans celles du Conseil législatif; d'où ignorance des vrais intérêts des cantons.

3° Chaque canton tend à se séparer de la grande famille.

4° L'armée mal organisée n'a ni chef, ni drapeau qu'elle reconnaisse.

Cette critique est justifiée par le témoignage du célèbre écrivain suisse Zschokke, qui peint ainsi l'esprit général de la Confédération:

On voit toujours les cantons insouciants de la gloire et de la prospérité du pays, ne pensant qu'à l'avantage de leur petit territoire et favorisant la cause des étrangers contre leurs propres confédérés.

Il manque donc aux cantons suisses plus d'unité ; cette population pauvre, mais industrieuse, hospitalière et fière, courageuse sans orgueil, qui ne compte que deux millions d'âmes, ne peut conserver son indépendance que par l'union intime des cantons, et une organisation forte ; elle comprend vingt-deux cantons, dont sept aristocratiques ; Bâle, Berne, Fribourg, Lucerne, Schaffhouse, Soleure, Zurich ; six démocratiques, Appenzel, Glaris, Schwitz, Unterwalden, Uri, Zug ; et neuf nouveaux : Argovie, Saint-Gall, les Grisons, Tessin, Thurgovie, Vaud, Neufchâtel, Valais, Genève. Ils diffèrent de mœurs et d'usages ; les uns sont armés, les autres sans armes ; ignorants et souvent barbares dans leur législation criminelle qui admet la torture et la peine de mort pour attentat à la propriété, chaque canton a son code, et quelques-uns n'en ont pas du tout. —Deux partis tiennent la Suisse divisée, l'un du mouvement qui veut un pouvoir central ; l'autre, conservateur ou rétrograde, qui aime les formes anciennes ; le nouveau pacte fédéral est préférable à la Constitution de 1815, quoique susceptible d'améliorations : signalons-en les principales dispositions.

Il y aurait trois pouvoirs ; *la Diète*, pouvoir délibérant et suprême ; *le Conseil fédéral*, pouvoir exécutif ; et *la Cour fédérale*, pouvoir judiciaire. A la diète il appartient de conclure les alliances et les traités sans le concours des cantons ; de voter le budget sans contrôle ; on rend uniforme et général le système des poids et mesures ; les habitants ont la faculté de s'établir dans le canton qui leur convient : on doit regretter que les membres de l'Assemblée fédérale aient des pouvoirs si restreints, ce qui exige dans une foule de cas la ratification des cantons, et l'exécution des meilleures mesures est ainsi ajournée ; la procédure criminelle réclame la publicité ; la liberté de la presse n'existe pas et le système de représentation n'est point basé sur la population ; mais c'est surtout l'organisation militaire qui est défectueuse ; elle fait l'objet d'une étude profonde et consciencieuse dont il nous reste à rendre compte.

En principe, c'est une neutralité armée qui convient à la Suisse ; en 1796, Venise voulut rester neutre ; elle succomba, parce que rien ne la protégeait contre des adversaires puissants.

Le système militaire de la Suisse est sans unité, partant sans force ; une commission se réunit deux fois par an pour s'occuper de l'armée ; les membres en sont renouvelés tous les deux ou trois ans ; aucune limite d'âge n'est prescrite pour le service des jeunes gens ; il n'y a pas de chefs reconnus ; le seul élément de l'armée est le bataillon ; les officiers sont nommés, sans examen préalable, par les autorités cantonales; de là, point de hiérarchie; les bataillons sont formés sur deux rangs au lieu de trois; le projet d'organisation militaire prescrit la création d'une école pour *l'instruction des officiers supérieurs*, tandis qu'il ne s'occupe pas de l'instruction des sous-officiers; il semble aussi ridicule de faire des écoles de colonels que des séminaires d'évêques.

Cette judicieuse critique est suivie d'un plan d'organisation, dont nous offrons un court résumé :

1° A la tête de l'armée on placerait un état-major permanent, composé d'un général en chef, d'un chef d'état-major et de trois inspecteurs pour les trois armes : *infanterie, cavalerie, artillerie et génie;*

2° Il y aurait deux contingents : le premier, de 70,000 hommes, formé des jeunes gens de vingt à trente-deux ans ; le deuxième, pour la réserve, de 30,000 hommes, composé des hommes de trente-deux à quarante ans; en outre, le *landsturm*, comprenant tous les hommes de dix-sept à cinquante ans, pour le service intérieur;

3° La nomination des officiers appartiendrait exclusivement au pouvoir fédéral ;

4° Le bataillon serait de 1,000 hommes, divisé en quatre compagnies de 250 hommes; trois ou quatre bataillons formeraient un régiment commandé par un colonel ;

5° Le régiment de cavalerie aurait quatre escadrons de 150 hommes chacun ;

6° La compagnie d'artillerie comprendrait 160 hommes, et 114 chevaux qui serviraient une batterie de huit bouches à feu, savoir : six canons et deux obusiers ;

7° La Suisse serait partagée en sept divisions militaires, dont nous ne suivrons pas la circonscription ; diverses mesures d'économie, que nous n'indiquons pas, permettent de réduire le chiffre des dépenses de plus d'un million et demi, tout en augmentant la force militaire.

Pour compléter cette organisation, il faudrait des écoles de pratique, ou, tout au moins, des exercices périodiques et des manœuvres suffisantes pour l'instruction des officiers, sous-officiers et soldats ; plusieurs moyens sont proposés pour atteindre ce but avec économie. Nous omettons à regret une foule de détails intéressants sur la force et le nombre des bataillons, des escadrons et des batteries ; nous supprimons avec plus de regret encore des aperçus stratégiques qui plairont aux militaires, des considérations tantôt générales, tantôt spéciales à la Suisse, ou applicables à la France, dont les noms et les souvenirs reviennent fréquemment à la pensée de l'écrivain; nous recommandons aux lecteurs de cette dissertation, remarquable à plus d'un titre, les réflexions qui la terminent, aussi bien que les observations sur les lignes de défenses qu'il importe de choisir d'avance en prévision des événements, pour opposer à une invasion la meilleure résistance ; nous ne pouvons néanmoins nous empêcher de faire quelques citations, bien autrement propres que notre froide analyse, à donner une idée du style, des sentiments et de l'élévation de pensée, qui distinguent cet écrit, un des plus remarquables de l'auteur.

Voici pour le cœur qui battait au seul souvenir de la France et de ses glorieuses annales.

(Tom. II, p. 410.) « En parlant militairement de la Suisse, mon cœur » a souvent battu en pensant à ces belles campagnes de Masséna et de » Lecourbe ; et, en effet, quel lieu de l'Europe peut-on parcourir sans y » voir des traces de la gloire française ! passez-vous un pont, le nom » vous rappelle que nos bataillons l'ont emporté à la baïonnette ; traversez- » vous les Alpes et les Apennins, les routes qui aplanissent les montagnes » ont été faites sur les traces de nos soldats qui, les premiers, en ou- » vrirent les passages, etc. »

Voici pour l'homme d'État, le neveu de Napoléon : « Un grand homme » n'a pas les vues étroites et les faiblesses que lui prête le vulgaire ; si cela » était, il cesserait d'être un grand homme. Ce n'est donc point pour » donner des couronnes à sa famille qu'il nomma ses frères rois, mais » bien pour qu'ils fussent, dans les divers pays, les piliers d'un nouvel » édifice. Il les fit rois pour qu'on crût à sa stabilité et qu'on n'accusât » pas son ambition ; il y mit ses frères parce qu'eux seuls pouvaient con- » cilier l'idée d'un changement avec l'apparence de l'inamovibilité ; » parce qu'eux seuls pouvaient être soumis à sa volonté, quoique rois; » parce qu'eux seuls pouvaient se consoler de perdre un royaume en re- » devenant princes français. Mon père, en Hollande, fut un exemple frap- » pant de ce que j'avance. Si l'empereur Napoléon eût nommé un général » français au lieu de son frère, en 1810, les Hollandais se fussent battus » contre la France... »

Voici pour l'observateur sagace qui ne se laisse pas éblouir par l'éclat des théories et des systèmes absolus que quelques applications semblent justifier. « Chaque nation a ses mœurs, ses habitudes, sa langue, sa » religion ; chacune son caractère particulier, un intérêt différent , qui » dépend de sa position géographique ou de sa statistique; s'il y a des » maximes bonnes pour tous les peuples, il n'y a pas de système bon pour

» tous. C'est ainsi que ce qui a fait le salut de la France, la centralisation du
» pouvoir, pendant la République et l'Empire, ferait le malheur de la Suisse. »

Deux citations empruntées, l'une aux souvenirs de l'Empire, l'autre à
Montesquieu, viennent à l'appui de ses réflexions sur l'utilité des modifications que les temps et les circonstances apportent dans la législation ou
les constitutions d'un État.

« Il ne faut pas, disait l'Empereur au conseil d'État dans sa séance du
» 1ᵉʳ décembre 1803, se lier dans l'institution d'un nouveau gouverne-
» ment, par des lois détaillées ; les constitutions sont l'ouvrage du temps ;
» on ne saurait laisser une trop large voie aux améliorations. »

Et Montesquieu est cité à son tour pour montrer que la tyrannie de
la Convention ne peut plus revenir, tout comme l'arbitraire de l'Empire.

« C'est une chose qu'on a vue toujours, que de bonnes lois qui ont fait
» qu'une petite république devint grande, lui devinrent à charge lors-
» qu'elle s'est agrandie, parce qu'elles étaient telles que leur effet naturel
» était de faire un grand peuple et non pas de le gouverner. »

X. — QUELQUES MOTS SUR JOSEPH-NAPOLÉON BONAPARTE.

Ce n'est pas seulement une pensée pieuse et sacrée qui a fait jaillir du
cœur du prince cette éloquente apologie d'un des frères de l'Empereur,
dont la mémoire a été le plus vivement attaquée ; c'est encore et surtout
un sentiment de justice, la conviction d'une âme honnête, qu'indigne la
calomnie ou l'outrage irréfléchi : il est bon, il est utile, il est nécessaire
que la vérité se fasse et triomphe du mensonge ou de l'erreur ; les morts
ne peuvent se défendre ; honneur à quiconque, prince ou plébéien obscur,
se lève pour réhabiliter ceux que des contemporains ont condamnés sans
preuves, et en appeler, d'un arrêt qui les flétrit, au tribunal équitable de
la postérité qui les doit juger.

La question est exposée avec une noble simplicité ; nous n'avons qu'à
copier :

« Joseph-Napoléon, le frère aîné de l'Empereur, son ami le plus intime,
» est mort à Florence le 28 juillet 1844, après une longue et douloureuse
» maladie. En présence de cette tombe qui se referme sur un vieillard qui
» porta deux couronnes ; en présence de cet homme qui meurt à l'étranger,
» au bout d'un exil de vingt-neuf ans, un sentiment général de regret s'est
» manifesté dans le pays et a retenti dans la presse. Cependant comme ce
» triste événement a donné lieu à des assertions fausses et à des attaques
» peu généreuses, nous avons cru qu'il était de notre devoir de relever les
» unes et les autres par le simple exposé des faits. »

Suivons le récit, avec le sang-froid que l'historien a droit de réclamer d'un juge impartial ; ce rôle sera facile devant un témoignage où le sentiment de la famille s'efface aussi complétement pour faire place à l'appréciation du critique; où l'on ne trouve pas la plus légère trace de déclamation comme si la vérité seule avait été admise à se faire entendre et à déposer.

Né en 1768, Joseph Bonaparte était, à vingt-deux ans, député du district d'Ajaccio à l'assemblée corse d'Ozezza ; il s'y montra dévoué à la France et à la Révolution ; ambassadeur à Rome, à vingt-huit ans, membre du conseil des Cinq-Cents, il continua à défendre les principes de 1789 ; appelé en 1800 au conseil d'Etat, il conclut un traité de commerce avantageux avec les Etats-Unis ; en 1801, il prit une part active au traité de paix avec l'Allemagne ; en 1802, il signa le Concordat et, presqu'en même temps, la paix d'Amiens, double triomphe, vivement senti en France et qui fut accueilli avec enthousiasme ; sénateur en 1803, il participa aux négociations qui amenèrent la réforme de la Confédération germanique ; plus tard, il refusa la couronne de la Lombardie, fit la conquête de Naples après la bataille d'Austerlitz et introduisit dans ce beau royaume les idées françaises, avec la civilisation qu'elles ont partout amenée ; il y créa des routes, inaugura des travaux d'intérêt public qui devaient changer la face du pays ; son esprit conciliant et sa fermeté mirent bientôt fin au brigandage ; il abolit les droits féodaux, réduisit le nombre des couvents, fonda des écoles civiles et militaires, et embellit la capitale... Aussi, est-ce bien malgré lui qu'il quittait, en 1808, un peuple auquel il s'était attaché par ses bienfaits, pour se rendre auprès de son frère, à Bayonne, et surtout qu'il acceptait la couronne d'Espagne qu'il était loin d'ambitionner, comme on l'a cru trop légèrement. Quoi qu'il en soit, son premier soin fut de saisir toutes les occasions de gagner le cœur de ses nouveaux sujets par des mesures libérales et pacifiques : les événements le servirent mal et l'obligèrent à n'être que soldat, en changeant le rôle qu'il eût voulu remplir ; il s'opposa avec vivacité à la mise en état de siége qu'avait prescrite l'Empereur, et le 23 mars 1812 il demanda à se retirer d'un pays dont il ne pouvait faire le bonheur ; son abdication ne fut pas acceptée (1) ; l'Empire tomba ; les revers

(1) Voici cette lettre qui doit faire tomber une fois pour toutes ce reproche d'ambition qu'on lui a injustement prodigué.

Madrid, 23 mars 1812.

A l'Empereur.

« Sire, lorsqu'il y a un an je demandai l'avis de Votre Majesté avant de rentrer en

se multiplièrent; il fallut abandonner l'Espagne, et c'est à Joseph que fut confié, en 1814, le soin de défendre Paris et de garder le Prince impérial avec l'Impératrice; mission périlleuse et délicate, dont il avait compris toute l'importance, et qui lui imposait des devoirs contradictoires; car il lui fut enjoint d'éviter à tout prix que le prince tombât entre les mains des ennemis; cet ordre fut exécuté à la lettre, et certes on peut bien regretter, sans oser lui en faire un crime, qu'il n'eût point désobéi à l'Empereur en résistant à l'armée envahissante; il quitta donc Paris sans défense, au moment où Napoléon victorieux apparaissait pour protéger la capitale; certes, il y a loin de cet acte de faiblesse, dicté par un sentiment exagéré de respect pour les instructions qu'il avait reçues; il y a loin de cet acte à l'ignoble motif que lui prête M. Achille de Vaulabelle dans son *Histoire des deux Restaurations de 1814 et de 1815*; il prétend que, songeant à sa sûreté personnelle, ne pensant qu'à son trône d'Espagne et refusant d'abdiquer, il avait fui les boulets ennemis; c'est une calomnie, et le général Lamarque la réfute nettement dans sa lettre du 27 mars 1814 au comte de Survilliers. Cette ambition plus que ridicule reprochée à Joseph, peut-elle se concilier avec l'offre d'abdication de 1812?

Retiré à Lausanne pendant la Restauration, il revient dans les Cent-Jours auprès de son frère pour l'aider de ses conseils; c'est lui qui suggère l'idée de gagner Pozzo-di-Borgo à la cause française; l'envoyé qui portait cinq millions et la promesse d'une grande position en Corse, arriva trop tard. Pozzo-di-Borgo, séduit par les offres, répondit au mandataire : « *Je sors du Congrès, j'ai employé toute mon éloquence et toutes mes forces à* » *ranimer la coalition contre l'Empereur; je ne puis plus revenir maintenant*

» Espagne, vous m'engageâtes à retourner; c'est pour cela que je suis ici. Vous eûtes
» la bonté de me dire que j'aurais toujours la faculté d'abandonner ce pays, si l'espoir
» que nous avions conçu ne se réalisait pas. Dans ce cas, Votre Majesté m'assurait un
» asile dans le midi de l'Empire, entre lequel et Morfontaine, je pourrais partager ma
» résidence. Sire, les événements ont déçu mon espoir; je n'ai fait aucun bien et je
» n'ai plus l'espoir d'en faire. Je prie donc Votre Majesté de me permettre de *déposer*
» *entre ses mains le droit à la couronne d'Espagne*, qu'elle daigna me transmettre il y
» a quatre ans. En acceptant la couronne de ce pays, je n'ai jamais eu autre chose en
» vue que le bonheur de cette vaste monarchie; il n'a pas été en mon pouvoir de l'ac-
» complir. Je prie Votre Majesté de me recevoir comme un de ses sujets et de croire
» qu'elle n'aura jamais de serviteur plus fidèle que l'ami que la nature lui a donné.

» Joseph. »

La perte d'un trône ne laisse dans ce noble cœur aucun regret; mais il y reste une grande douleur, celle de n'avoir pu faire le bien qu'il avait rêvé, et qu'il eût réalisé sans les *événements* qui ont trompé ses espérances.

» *sur ce que j'ai fait ; je me perdrais sans sauver l'Empereur ; que n'êtes-vous*
» *venu quelques heures plus tôt !... »*

A Rochefort, où il vit son frère pour la dernière fois, Joseph proposa à
l'Empereur de se livrer à sa place aux Anglais, qui, trompés par la ressem-
blance, l'eussent emmené, pendant que Napoléon serait allé aux États-
Unis ; cet acte de dévouement fut repoussé.

Joseph s'établit près de Philadelphie, et y acquit une haute considération, donnant un asile généreux à de nombreux exilés, tels que Clauzel,
Lallemant, Lefèvre Desnouettes, Bernard, etc...

A la mort du héros, le 5 mai 1821, il réclama la permission de se rendre auprès du duc de Reichstadt ; M. de Metternich refusa ; l'offre d'une
troisième couronne, celle du Mexique, le trouva insensible à l'ambition ;
il reçut la visite de La Fayette qui voulait rétablir Napoléon sur le trône de
France. En 1830, à la nouvelle de la Révolution de Juillet, il envoya une
protestation en faveur des droits de Napoléon II qu'il présentait à la nation,
en lui rappelant les dernières paroles du captif de Sainte Hélène, qui mé-
ritent d'être citées :

» Dites à mon fils qu'il se rappelle avant tout qu'il est Français ; qu'il
» donne à la nation autant de liberté que je lui ai donné d'égalité ; la
» guerre étrangère ne me permit pas de faire tout ce que j'aurais fait à la
» paix générale ; je fus perpétuellement en dictature ; mais je n'ai eu
» qu'un mobile dans toutes mes actions, l'amour et la gloire de la grande
» nation ; qu'il prenne ma devise : *Tout pour le peuple français,* puisque
» tout ce que nous avons été, c'est par le peuple. »

Cette lettre du 18 septembre 1830 a été défigurée par le *Constitutionnel,*
dans un article du 7 août 1844 ; l'esprit de parti ne recule point devant le
mensonge ou la calomnie (1).

Après la mort du duc de Reichstadt, Joseph vint en Angleterre ; il y
arriva en 1832 et appela auprès de lui ses frères Lucien et Jérôme, avec
son neveu le prince Louis-Napoléon ; l'insurrection de Strasbourg en 1836
n'eut point son autorisation ; il en fut même fort mécontent, repartit pour
l'Amérique en 1837, et revint en Europe deux ans après ; il retrouva son

---

(1) Le journal prétend que le frère aîné de Napoléon avait abdiqué ses vieux titres
devant les titres nouveaux de la dynastie de Juillet ; il n'en est nullement question
dans cette lettre, trop longue pour être rapportée dans son entier ; non- seulement il
ne *témoigne pas de son respect profond pour la volonté nationale qui avait élevé le trône
de* 1830, dont il ne parle pas ; mais il fait un appel au peuple français en faveur de
Napoléon II dont les titres sont incontestables, tant que la nation n'en a pas autrement
ordonné.

neveu et lui rendit toute son affection; il approuva la publication des
idées napoléoniennes, dont il reconnut la parfaite conformité avec la pensée
de l'Empereur. En 1840, une attaque de paralysie abattit ses forces et
altéra ses facultés; c'est à Florence, où l'avait attiré la douceur du climat,
qu'il mourut le 28 juillet 1844. Fait pour briller dans les arts, doué d'une
vaste érudition littéraire, affable, éloquent, il demeura fidèle à ses principes, honora les hautes positions qu'il occupa, fut malheureux des infortunes de son frère et du long exil qu'il subit; peu d'hommes ont mieux
mérité de leur pays et de l'humanité : la postérité lui rendra la justice que
lui ont refusée ses contemporains; la gloire de l'Empereur a fait pâlir toute
autre gloire que la sienne et de nombreux revers autant que les convul-
sions qui ont suivi la chute de l'Empire expliquent l'oubli, mais n'excusent
pas les outrages dont la mémoire de Joseph a été l'objet.

XI.— LE CANAL DE NIAGARA OU PROJET DE JONCTION DES OCÉANS ATLANTIQUE ET PACIFIQUE, PAR UN CANAL.

Le prince fut sollicité en 1842 par plusieurs personnages considérables
de l'Amérique centrale, à demander sa liberté pour passer en Amérique où
l'attendait un accueil des plus sympathiques, et y entreprendre des travaux dignes de son nom; il crut devoir refuser; mais, touché de ces témoignages d'estime et d'intérêt, il entretint une correspondance, qui lui donna
l'idée de s'occuper d'un projet de communication entre l'océan Pacifique
et l'océan Atlantique; la visite d'un officier de la marine française partant pour l'Amérique centrale lui fournit l'occasion de lui confier l'étude
des tracés les plus avantageux pour un canal maritime; tandis que le
gouvernement français envoyait de son côté un ingénieur, M. Garella,
avec la mission spéciale de lever le plan et tracer le devis d'une coupure
à travers l'isthme de Panama. En 1844, les États de Guatémala, de San
Salvador et de Honduras, envoient M. Castellon en France auprès du gouvernement, qui n'accueillit pas les propositions dont il était porteur; mais
l'envoyé américain se mit en rapport avec le Prince, qui agréa les ouver-
tures qu'on lui avait faites. M. Castellon lui écrivit en effet, le 6 décembre 1845, à son retour en Amérique, qu'il avait été désigné par le
gouvernement de Nicaragua comme le directeur de l'entreprise, lui
annonçant une visite prochaine pour le décider : en conséquence, le
gouvernement de Nicaragua, par décret du 8 janvier 1846, donne à ce
grand ouvrage d'art le nom de *canale Napoleone de Nicaragua*. Cependant
le prince, impatient de voir son père à Florence, demande au gouvernement

français la permission de se rendre en Italie où il passerait quelques mois seulement avant de s'embarquer pour l'Angleterre ; son père était âgé, infirme et souffrant ; il n'obtint aucune réponse, et c'est alors qu'il prend la résolution hardie de mettre fin à sa captivité ; il réussit dans sa tentative, sans pouvoir rejoindre son père, mort à Florence le 25 juillet, la politique s'opposant à cette réunion si désirée, de part et d'autre. Plus que jamais décidé à réaliser le projet qu'il avait formé, il rassemble tous les matériaux qui doivent lui servir, et se dispose à quitter l'Angleterre pour se rendre en Amérique, certain du succès et de l'honneur qu'une aussi belle opération devait lui procurer. C'est le résultat de ses travaux et le plan de l'entreprise, qu'il publie dans cette notice, dont nous donnons une idée succincte.

L'importance de la jonction des deux océans par un canal navigable ne peut être un instant douteuse ; on abrége de 3,000 milles la distance qui sépare l'Europe de l'Amérique occidentale et de l'Océanie ; on rend plus faciles les communications déjà si appréciées du continent européen avec la Chine, le Japon, la Nouvelle-Zélande et la Nouvelle-Hollande ; en un mot on réalise sur une grande échelle les avantages commerciaux que le percement de l'isthme de Suez va procurer à l'ancien continent ; ajoutons que l'Amérique centrale mérite bien la haute position qu'une telle entreprise lui assigne ; car elle a l'étendue de la France avec 12,000 milles de côtés ; elle compte trois millions d'habitants ; le nord appartient au Mexique, le sud à la Nouvelle-Grenade ; la région intermédiaire forme la République de Guatemala qui, en 1823, s'est constituée sous une forme fédérale, composée de cinq États, Costa-Rica, Guatemala, Honduras, Nicaragua et San-Salvador ; le sol est d'une richesse prodigieuse, donnant trois récoltes par an de toute espèce de céréales......

Cinq points ont été signalés sur cette partie du continent américain, comme propres à l'ouverture d'une communication : le premier, au nord sur le territoire mexicain à travers l'isthme de Tehuantepec ; le deuxième, à travers le lac de Nicaragua ; le troisième, sur l'isthme de Panama ; les deux autres traversent le golfe de Darien. Un léger examen suffit pour écarter le premier et les deux derniers ; le premier, comme offrant des difficultés presque insurmontables, d'après la reconnaissance du général Orbegosa ; les deux derniers, repoussés par M. Michel Chevalier après une enquête sérieuse.

Il ne reste donc que deux projets, l'un par l'isthme de Panama, l'autre par la rivière San-Juan et les lacs de l'État de Nicaragua ; celui-ci doit avoir la préférence comme seul capable de satisfaire aux véritables intérêts de l'Amérique centrale et du monde en général ; une discussion préalable des plus intéressantes sur les avantages d'une position commerciale, qui éleva à un si haut point de prospérité les villes anciennes et modernes de Tyr, Carthage, Alexandrie, Constantinople, Venise, Gênes, Amsterdam, Liverpool, Londres, Marseille, décide la question et détermine le choix du dernier point. Cela posé et admis, il faut aborder le projet présenté par le Prince ; la ville de Léon, ou plutôt Massaya, devient le centre du nouveau monde ; le canal part de San-Juan de Nicaragua sur la mer des Antilles et aboutit à Réaléjo sur l'océan Pacifique ; ce sont déjà deux ports excellents ; si l'on y joint les deux bassins naturels qui offrent à Léon et à Grenade ce qui n'existe en Europe qu'à la suite de travaux et de dépenses incroyables, on aura la plus belle ligne de navigation commerciale qn'on puisse désirer. Nous omettons les détails qui complètent le projet, comme dimensions, hauteurs, plans et devis ; aucune difficulté insurmontable ou même grave ne saurait empêcher l'exécution ; la largeur du canal est de 44 mètres ; celle du canal Calédonien, le plus grand de tous les canaux existants, n'a que 36^{m}36 ; sur une profondeur de 7 mètres, dimension suffisante pour des navires de 1,200 tonneaux , la dépense totale est de 100 millions ; le revenu annuel présumable, de 15 millions, sans y comprendre la plus-value des terrains ; projet gigantesque et seul en rapport avec les futures destinées de cet admirable pays.

Le troisième volume des œuvres du prince se compose des discours, proclamations et messages publiés dans les années 1848-49-50-51 et 52 ou suivantes jusqu'à l'année 1855 inclusivement. Ces pièces, de nature diverse, ont, pour la plupart, une grande importance historique ; plusieurs d'entre elles ont eu, en Europe et dans le monde entier, un retentissement que l'on pouvait prévoir en observant la politique nouvelle et désintéressée qu'elles inauguraient ; toutes présentent un caractère de franchise et de loyauté auquel les nations de l'Europe ont rendu un hommage solennel ; au dedans, gouverner par le peuple et pour le peuple ; au dehors, concilier et pacifier, ou, la guerre échéant, lutter avec les faibles contre les forts, sans vues ambitieuses et personnelles ; voilà toute la politique du deuxième Empire ; or, nous l'avouons sans hésiter, c'est une politique que nous aimons, parce qu'elle a fait la nation française grande et prospère entre les plus grandes et les plus prospères ; nous regrettons que tout Français n'ait point, à cet égard, la même pensée, sans nous étonner ou nous indigner qu'il en soit autrement ; il est facile de concevoir l'aveuglement des partis, la persévérance des sentiments et les erreurs de l'opinion ; laissons au temps, à la réflexion et à la marche de la civilisation moderne, le soin d'effacer les traces de nos discordes, de dissiper nos défiances et de rallier tous les partis. La tâche que nous avons entreprise ne peut, on le comprend, s'appliquer à ce troisième volume, qui contient un genre d'écrits peu susceptibles d'analyse, parce qu'ils tirent leur mérite, moins encore des qualités très-réelles du style, que de la pensée politique qui les a inspirées et de leur opportunité.

Le quatrième volume est tout entier consacré à l'art militaire, et ne comprend cependant qu'une partie du grand ouvrage sur l'artillerie que le prince avait commencé dans son exil, en Suisse (1); elle a pour titre : *Du passé et de l'avenir de l'artillerie;* mais en réalité, par les principes et les applications qu'elle renferme, *c'est un véritable traité de la guerre offensive et défensive.* On y trouve l'organisation de la cavalerie et de l'infanterie aux diverses périodes de nos annales militaires, en France, en Espagne, en Angleterre, en Allemagne et même en Italie ; la tactique et la stratégie y ont leur place ; l'ordre de bataille, soit en marche, soit au moment du combat, la force des bataillons et celle des escadrons, etc. ; tout devient l'objet d'un examen approfondi, et donne lieu à des considérations ingénieuses sur l'emploi des diverses armes, comme sur l'influence que l'art de la guerre a exercée ; cet art, poétisé par les uns, frappé d'anathème par les autres, fléau, sans doute, dans la plupart des actes qui signalent le passage des troupes les mieux disciplinées, fléau pourtant inévitable et que la Providence a transformé en principe civilisateur, fut bien souvent l'objet des profondes méditations du philosophe ; plus souvent encore il est devenu, sous la plume de l'historien, le tableau saisissant des grandes révolutions politiques accomplies par la conquête : l'expédition d'Alexandre, dans l'antiquité, et les Croisades, au moyen âge, ont exercé sur les destinées du monde une influence dont nous ne pouvons nous faire une idée, malgré les immenses travaux qu'elles ont suscités.

Toutefois, malgré les digressions fréquentes, inséparables d'un tel sujet, l'artillerie tient la place principale dans le livre qui nous occupe ; elle y est envisagée dans son origine, ses premiers pas, ses progrès et son action dans

---

(1) Voir dans l'*Investigateur*, journal publié par l'Institut historique, tom. III, un mémoire du prince Louis-Napoléon sur l'*Artillerie* (année 1835) et tom. IV, un rapport sur le *Manuel d'artillerie*, du même, par le chef d'escadron d'artillerie Plivard (année 1836).

les siéges ou sur le champ de bataille ; elle était bien naturelle l'admiration qu'éprouvait le jeune prince pour l'arme dont le grand capitaine avait fait un si judicieux emploi ; de là, ce goût passionné pour des études qui n'ont jamais été interrompues depuis son enfance, et cette sollicitude constante pour les perfectionnements de l'artillerie, qui rendit à la France tant et de si glorieux services à toutes les époques de notre histoire.

Mais on ne peut aborder un des problèmes de la science militaire sans les embrasser tous successivement, puisque les éléments dont elle se compose ne sauraient agir isolément avec efficacité, l'un aidant l'autre, et celui-ci ne pouvant rien sans celui-là. Enfin, les théories les plus savantes se modifient, se corrigent ou s'améliorent par l'expérience et dans la pratique ; de là naît cet art compliqué, où l'imprévu lui-même est soumis au calcul, comme s'il était dans l'ordre des choses ordinaires ; où l'ardeur ne doit rien ôter du sang-froid, où le courage obéit à la prudence, où la prudence elle-même subit des entraînements que le succès justifie quelquefois ; où le hasard vient détruire les plus savantes combinaisons et favoriser des généraux sans mérite ; il exige du chef de si nombreuses qualités et des qualités si contraires, qu'il fut donné à bien peu d'hommes supérieurs, soit de l'exercer, soit de l'enseigner en maître ; l'Empereur était seul entre tous les généraux d'une époque féconde en habiles capitaines, capable de concevoir, d'exécuter et d'écrire tout à la fois ; on a pu en juger par les judicieuses observations dont il a orné ses Mémoires qui, avec les *Commentaires de César*, dont le génie eut avec le sien tant d'analogie, deviennent le *bréviaire de l'officier*.

Le neveu et l'héritier du grand homme de guerre, s'aidant des souvenirs de famille, religieusement recueillis et mis en ordre, entreprend cette tâche, et ce qu'il en a fait suffit pour nous donner une idée de ce qu'il peut faire pour la terminer : à Dieu ne plaise que nous désespérions de voir l'œuvre inachevée ! la plume de l'écrivain ne cesse de marcher et de produire ; qu'elle achève donc la pensée de l'Empereur et la sienne, adoptant une devise glorieuse dont il a mieux que nul souverain compris la portée, et suivi les inspirations.

Nil actum reputans, si quid superesset agendum (1).

Le mémoire historique et critique que nous essayons d'analyser, pose les quatre questions suivantes :

(1) Nous apprenons que le colonel Favé a été chargé de coordonner les matériaux recueillis par le prince, et de mettre la dernière main à l'œuvre que nous analysons.

1° Quelle est la série des progrès réalisés jusqu'à nos jours dans l'art de lancer des projectiles au moyen de la poudre ?

2° Par quels moyens ont-ils été obtenus ?

3° Quelle est l'influence que ces progrès ont exercée sur l'art de la guerre et sur la société elle-même ?

4° Enfin, quels sont les progrès réalisables dans un avenir prochain ?

Ce large programme formulé dans un avant-propos écrit au fort de Ham, le 24 mars 1846, n'a reçu qu'un commencement d'exécution, puisque le volume s'arrête au règne de Louis XIII ; mais les trois premières questions indiquent le plan et l'ordre des idées, en même temps que la manière de l'auteur, qui sent bien toutes les difficultés et toute l'étendue de son sujet.

« On ne peut décrire, dit-il, les différentes phases d'un art, sans faire en
» quelque sorte l'histoire de la civilisation : car tout se tient dans le savoir
» humain, et chacune de ses conquêtes a besoin du concours de toutes les
» autres. »

L'examen sérieux de cet avant-propos qui ne renferme que 21 pages, nous a paru indispensable, et l'importance comme le mérite philosophique des citations nombreuses que nous lui empruntons, justifiera la place qu'il occupe dans notre analyse.

Et d'abord nous rencontrons cette réflexion judicieuse sur le tardif usage de la poudre dans l'art de la guerre.

« Les inventions trop au-dessus de leur époque, dit l'auteur, restent inu-
» tiles jusqu'au moment où le niveau des connaissances générales est
» parvenu à les atteindre. »

Pourquoi en est-il ainsi ? C'est ce que le passage suivant va nous expliquer clairement.

« Il existe, ajoute-t-il, une dépendance mutuelle qui oblige nos in-
» ventions à s'appuyer les unes sur les autres, à s'attendre en quelque
» sorte. Une idée surgit, elle reste à l'état de problème jusqu'à ce qu'enfin
» des modifications successives lui permettent d'entrer dans le domaine
» de la pratique. »

Sur l'opinion consacrée par l'autorité de plusieurs historiens, qui attribuent à la chevalerie une aversion prononcée pour les armes à feu, il fait d'importantes réserves et cite les exemples de Duguesclin, Bayard et autres capitaines, justes appréciateurs de la supériorité des nouvelles armes.

« C'est, dit le prince, un noble chevalier, le seigneur de Cardaillac, qui
» en 1393, fabriqua lui-même les dix canons nécessaires à la défense de

» Cambrai. » (Voir un vieux titre découvert par le savant M. Lacabane.)

On a prétendu que Duguesclin aurait en 1369 refusé des canons qu'on lui offrait pour le siége d'une abbaye du Périgord ; il relève cette erreur et prétend qu'il s'agissait non de canons, mais d'engins. (Voir la chronique rimée de Cavelier.)

« Quant à Bayard et à Montluc, qu'on cite comme ayant dédaigné les » armes à feu, je prouve qu'avant eux aucun capitaine n'en fit un aussi » judicieux emploi. »

Ici nous ne partageons pas l'avis du critique, ou plutôt nous croyons qu'on peut le concilier à un certain degré avec les assertions des historiens. Il nous paraît évident, en thèse générale, que l'introduction des armes à feu porta un coup mortel à la chevalerie proprement dite ; ensuite de ce que d'habiles capitaines adoptèrent la nouvelle arme, il ne s'ensuit pas qu'ils ne l'aient vue à regret annihiler la vaillance et la vigueur du chevalier, impuissant à repousser le plomb rapide et meurtrier avec le bouclier ou la cuirasse qu'il atteignait de loin. L'aversion de la chevalerie pour le mousquet et le canon est un fait trop naturel et trop général pour qu'on puisse le nier ; et les exemples cités ne prouvent qu'une chose, que la nécessité fait loi, et qu'il faut bien transiger avec les idées nouvelles, comme l'avaient compris les premiers capitaines de cette époque, tout en maugréant contre la diabolique invention.

C'est avec la même restriction qu'il faut, ce nous semble, interpréter l'argument tiré de Joinville, qui rapporte que saint Louis stipule par un article à part qu'on lui rendra ses dix-huit engins, dans le traité qu'il fit avec le soudan pour la reddition de Damiette ; on ne doit pas confondre la royauté mieux éclairée sur ses intérêts avec la chevalerie qui résistait aveuglément à l'adoption du nouvel engin.

Ces réserves faites, nous continuons à citer les pensées remarquables de l'avant-propos : l'auteur se défie avec raison de la manie d'innover et en fait connaître les dangers dans ses réflexions sur la marche du progrès véritable.

« On verra de tout temps se produire des systèmes ou des inventions « absurdes. »

Suivent divers exemples pris en Angleterre ou en France aux XVe et XVIe siècles ; et la conclusion ne se fait pas attendre.

« Tout ce qui est compliqué n'a jamais produit de bons résultats à la » guerre ; et les prôneurs de systèmes oublient toujours que le but du » progrès doit être d'obtenir le plus grand effet possible avec le moins » d'effort et de dépense. »

Il ne s'élève pas avec moins de force contre un ennemi du progrès tout aussi redoutable ; la routine, qui *conserve scrupuleusement comme un dépôt sacré les vieilles erreurs, et s'oppose aux améliorations les plus légitimes et les plus évidentes.*

Et les arguments à l'appui de la thèse ne manquent point : il s'agit de se tenir également en garde contre la routine et contre les systèmes ; *inter utrumque tene.*

« Toutes les fois qu'une idée nouvelle surgit, ajoute le Prince, elle » amène avec elle de nouveaux avantages et de nouveaux inconvénients. » L'œuvre du génie est d'établir la balance et de voir de quel côté le pla- teau incline. »

LIVRE Iᵉʳ (GUERRE DE CAMPAGNE) (1).

Ce livre forme le volume tout entier et comprend quatre chapitres qui divisent les matières traitées en autant de périodes inégales, soit par leur durée, soit par leur importance ; ce sont de précieux jalons sur la route que nous allons parcourir.

La première s'étend de Philippe de Valois à Louis XI et renferme 133 ans ; c'est l'âge de l'enfance ; la fin de cette période laisse entrevoir cependant la grandeur du rôle réservé à l'artillerie, objet particulier de la sollicitude de nos rois.

La deuxième, de Louis XI à François Iᵉʳ, n'embrasse qu'un intervalle de 54 ans ; c'est une adolescence vigoureuse qui finit par des coups de maître ; l'art a fait de grands progrès et l'artillerie a pris la place qu'elle conservera toujours dans les batailles.

La troisième, de François Iᵉʳ à Henri IV, comprend 74 ans ; c'est l'âge de la jeunesse ou de la force, mais encore sans expérience ; on pressent les méthodes, on ne les connaît pas.

La quatrième, de Henri IV à Louis XIV, âge de maturité ; l'art s'est fait homme, il a grandi et s'est perfectionné sous trois capitaines habiles,

---

(1) Le prince, en 1835, trace ainsi le tableau des services que rend l'artillerie ; il était alors, comme on l'a dit, capitaine au régiment d'artillerie du canton de Berne.

« ...... Elle engage de loin le combat ; atteint là où les autres armes sont im- » puissantes; protége le déploiement de l'armée; soutient les ailes qui ne sont pas » appuyées à des obstacles naturels; protége les autres troupes en attirant sur elle le » feu de l'artillerie ennemie; détruit les obstacles créés par l'arme du génie pour » arrêter la marche de l'armée; décide la victoire par l'habile concentration de son » feu sur le point d'attaque le plus important, ou protége la retraite en multipliant » ses efforts pour contenir l'ennemi. »

» Arenenberg, 3 décembre 1835. »

Henri IV, Maurice de Nassau et Gustave-Adolphe, dignes de servir de modèles et de guides.

Chapitre Ier, de 1328 à 1461 ou de Philippe de Valois à Louis XI. — C'est au commencement du xive siècle que paraissent, en Europe, les armes à feu ; mais longtemps lourdes et grossières, difficiles à manier, elles demeurent d'abord sans influence, tantôt accueillies, tantôt repoussées. Quelle était alors la composition des armées, et comment se faisait la guerre ? Nous allons le savoir en peu de mots. « Les principes de l'art étaient tombés en » oubli ; les batailles n'étaient plus que de grands tournois, la principale » force des armées consistait dans la noblesse... C'était le roi, suivi des » nobles, que suivaient leurs vassaux ; lorsqu'un grand danger menaçait le » pays, le roi convoquait le ban et l'arrière-ban ; savoir, les possesseurs de » fiefs et d'arrière-fiefs d'abord, et puis tous les individus capables de por- » ter les armes. »

Nous omettons les détails curieux, sans doute, qui complètent la physio. nomie des armées en France, en Allemagne et en Angleterre ; les qualités spéciales de la cavalerie et de l'infanterie y sont appréciées ; la France possédait la meilleure cavalerie, parce qu'elle avait aussi la féodalité la plus fortement constituée ; elle conserva sa supériorité jusqu'aux troubles de la Ligue ; mais aussi l'infanterie y était méprisée, le peuple était peu habitué aux exercices militaires ; il n'en était pas de même en Angleterre où les hommes de pied et archers maniaient avec une rare habileté des arcs dont la longueur égalait la taille d'un soldat ; supérieurs aux arbalétriers génois, dont on avait coutume de se servir en France, ils contribuèrent à nos défaites et amenèrent la création des compagnies de francs-archers, en 1448.

Juvénal des Ursins nous fait comprendre l'infériorité relative des arbalétriers du duc de Bourgogne, en 1411. « Il avait quatre mille arbalétriers, » chacun garni de deux arbalestres et deux gros valets, dont l'un tenoit un » grand pennart (bouclier), et l'autre tendoit l'arbalestre tellement que » toujours il y en avoit une tendue. »

Ainsi, trois hommes et deux arbalètes produisaient à peine le même effet qu'un archer, observe l'historien. Et plus loin : « les Français avaient beau » employer des arbalétriers génois ; ceux-ci avaient à peine eu le temps de » lancer un carreau, qu'ils étaient, pour ainsi dire, criblés par les flèches » barbues des Anglais, qui tombaient *dru comme neige.* »

Enfin, et sans épuiser cet intéressant sujet d'études, ajoutons une explication fort simple du fait qui surprend plusieurs auteurs français, parmi lesquels se trouve M. Michelet ; ils ne savent pas pourquoi la pluie qui survint à Crécy détendit les cordes des arcs des troupes auxiliaires françaises sans nuire aux archers anglais, et le dernier, dans son *Histoire de France,* demande à cette occasion :

Pourquoi les Génois ne cachèrent-ils pas leurs arcs sous leurs chaperons comme le firent les Anglais ?

« D'abord, le chaperon était une coiffure sous laquelle il était difficile de » cacher autre chose que sa tête ; mais la raison péremptoire, c'est que les » Génois n'étaient pas armés d'arcs dont la corde pût s'ôter facilement, » mais d'arbalètes dont la corde était invariablement fixée ; armes trop » volumineuses pour pouvoir être garanties de la pluie. »

A la fin du règne de Charles VII, l'armée commence à n'être plus féodale, et le noble disparaît devant le soldat ; il ne faut pas s'en étonner, car nous sommes à un siècle de distance de la funeste bataille de Crécy, et il y aurait une persistance stupide à repousser les leçons de l'expérience. J. de Beuil, l'auteur du *Jouvencel,* s'écrie : « Et vous die, que le harnois est » de telle noblesse que depuis que l'homme d'armes a bassinet sur la teste, » il est noble et suffisant à combattre un roi... Les armes anoblissent » l'homme, quel qu'il soit. »

On trouve dans le même manuscrit d'excellents principes de guerre, dont l'extrait suivant permettra d'apprécier le mérite :

« Quand on est à pied, il faut attendre son ennemi de pied ferme, et ne » pas marcher à sa rencontre ; car sans cela le moindre buisson vous met » en désordre. Si on y est forcé, il faut attaquer par les ailes. Si on est à » cheval, au contraire, l'avantage est pour l'assaillant et il faut s'efforcer » d'enfoncer le centre, et jamais ne mettre la cavalerie derrière des retran- » chements qui l'empêchent d'agir et de charger... »

Nous ne croyons pas généralement vrai le précepte recommandé à l'infanterie, celui *d'attendre de pied ferme ;* nos dernières guerres montrent que l'avantage demeure presque toujours à l'assaillant, dans les combats d'infanterie à infanterie.

Sur les causes de la défaite des Anglais, en 1450, l'auteur émet une opinion fort judicieuse ; il pense que les Anglais, ayant laissé dans les places de la Normandie et de la Guyenne de nombreuses garnisons, ont été incapables de tenir tête avec avantage aux troupes françaises; réunies, les forces anglaises eussent triomphé peut-être ou du moins résisté plus longtemps. « Cette réflexion, vraie au xve siècle, l'était encore en 1813, » ajoute le prince ; les fortes garnisons, disséminées en Allemagne et au loin, manquèrent à Napoléon ; et nous ajouterons après lui que l'opinion moderne n'attache plus autant d'importance à une multitude de places fortifiées, comme défense en cas d'invasion.

La première artillerie à feu de bataille consistait en petits tubes de fer qui lançaient des balles de plomb d'un faible calibre ; suivant Villani et les grandes chroniques de Saint-Denis, les Anglais en firent usage à la bataille de Crécy en 1346 ; la plupart des auteurs prétendent que l'artillerie fut au xive siècle exclusivement employée dans les siéges et récusent les témoignages que nous avons cités, en s'appuyant du silence de Froissart : cet argument simplement négatif ne suffirait pas à démentir le fait; mais M. F.-C. Louandre vient couper court à l'objection en publiant un passage d'un manuscrit de Froissart, conservé à la bibliothèque d'Amiens ; on y lit :

« Et li angles descliquerent aucuns canons qu'ils avoient en la bataille » pour esbahir les Genevois. »

Enfin un manuscrit anglais de l'époque signale l'existence de canonniers dans l'armée d'Edouard III ; on en conclut l'exactitude des témoignages rapportés plus haut relativement à la bataille de Crécy.

Toutefois, jusque vers le milieu du xve siècle, les canons furent d'un secours médiocre ; à la bataille d'Azincourt en 1145, ils ne firent *probablement qu'embarrasser l'arrogante noblesse française qui s'était placée entre deux bois dans un espace si resserré, que les arbalétriers n'avaient pas même de place.* Plus tard, l'artillerie produit plus d'effet et acquiert de l'importance ; on en tire un meilleur parti. Ainsi, au combat de Saint-Jacques, en 1444, on fait usage de gros canons contre les Suisses qui furent décimés et repoussés. Six ans plus tard, l'artillerie française rendit des services mieux constatés en Normandie, près du village de Formigny ; les Anglais en bataille derrière un pont sur lequel les Français devaient passer, furent mis en désordre par des couleuvrines de gros calibre ; en 1453, devant Castillon, qu'assiégeaient les Français, Talbot, qui vint les assaillir fut foudroyé par l'artillerie française et perdit la bataille avec la vie.

L'artillerie n'est pourtant encore qu'accessoire à la fin de cette période, puisque Philippe de Commines disait « *la souveraine chose du monde pour* » *les batailles sont les archers.* » Il y a plus, la supériorité de l'arc ou de l'arbalète se conserve en France jusqu'à François Ier, et en Angleterre jusqu'à Élisabeth.

Seconde période, de 1461 à 1515. Au milieu du xve siècle, apparaissent trois grandes figures historiques, dont chacune a sa physionomie distincte et saillante : Charles le Téméraire, Louis XI et le peuple suisse. — Le premier représente la féodalité arrogante, fière, mais grossière, ignorante, qui croit pouvoir fonder un empire sans peuple et sans point central.

Le deuxième représente le pouvoir royal, travaillant à l'unité dans le gouvernement et l'administration, s'aidant du peuple par intérêt plus que par affection, pour dompter les grands vassaux et ruiner la féodalité.

Le troisième est l'élément populaire et démocratique jusqu'alors inconnu, ou du moins compté pour rien ; se faisant jour et révélant tout à coup sa force dans l'infanterie compacte et disciplinée.

Charles, aussi puissant et plus redouté que le roi français, son ami, d'abord, et bientôt son antagoniste, a des troupes formidables, aguerries ; mais il ne sait pas les diriger : avec l'esprit de détail, qui néglige l'ensemble, il manquait du talent de conduire ; en outre, il méprisait les gens de pied, et ne savait pas se servir de son artillerie.

Louis XI se préparait en silence à la lutte qui devait rendre sa politique triomphante ; il augmenta de beaucoup l'artillerie royale, fit fondre douze gros canons de bronze, qu'il surnomma les douze *pairs*, leva et organisa les francs-archers, et imagina de former en 1480 un camp retranché pour exercer ses troupes.

L'une et l'autre manquèrent d'une bonne et solide infanterie ; les Suisses en firent sentir l'importance, d'abord en 1315 à Morgaten ; ils forment en 1475 de gros bataillons carrés, flanqués de pièces d'un petit calibre, et bravent les attaques de la cavalerie ; ces avantages furent sensibles à Granson, en 1476 ; à Morat, la même année ; enfin à Nancy en 1477 ; aussi voyons-nous Louis XI se hâter de prendre 6,000 Suisses à sa solde ; et Charles VIII succède à son père, possédant en 1483 une belle armée, bien pourvue, bien organisée, avec une grosse artillerie.

Le duc de Bourgogne avait une belle artillerie qui différait peu de celle du roi de France ; et dont il avait perfectionné le service, les affûts et le calibre : le tir en était encore très-irrégulier ; car l'âme était loin d'être exactement cylindrique et les procédés de pointage étaient fort défectueux ; tantôt il fallait enterrer la crosse de l'affût pour relever le tir, tantôt c'était la roue qu'on devait enfoncer pour produire l'effet contraire : Charles le Téméraire avait des pièces qui lançaient des boulets de fer de sept, dix, vingt et trente livres.

Sur l'ordre de bataille et de marche, on lira avec intérêt les documents recueillis et tirés de l'oubli par M. Emmanuel de Rodt, qui a représenté sous leur vrai jour les guerres du duc de Bourgogne dans un ouvrage publié en 1844, où se révèle le plus grand talent : les règles qu'il prescrit supposent des connaissances tactiques très-perfectionnées, auxquelles on ne rend pas assez de justice aujourd'hui.

A la bataille de Granson, cette artillerie eût donné la victoire au duc de Bourgogne, s'il n'eût commandé de la retirer, se croyant sûr de dompter les huit à neuf mille Suisses qu'il avait devant lui ; il perdit la bataille et 113 bouches à feu : à Morat et à Nancy l'artillerie n'est pas mieux dirigée.

Charles VIII a reconnu, comme Louis XI, la nécessité d'une bonne infanterie, et l'ordonnance de 1485 prescrit une levée d'un homme sur cinquante-cinq feux, *attendu que gens de cheval ne peuvent aisément faire grand exploit sans gens de pied.*

A la fin du siècle le personnel et le matériel de l'artillerie française étaient bien supérieurs à tout ce qui existait alors en Allemagne et en Italie. Paul Jove (1) nous en donne une idée dans sa description du passage de Charles VIII à Rome en 1494 : elle fit merveille, à Saint-Aubin du Cormier, en 1488 ; puis dans l'expédition de Naples et plus tard à Fornoue : Louis XII ajoute encore à l'organisation, augmente le nombre et le calibre des pièces ; il s'en servit avec succès à la bataille d'Agnadel en 1509, qui lui valut la conquête du duché de Milan. Le récit de l'expédition de Charles VIII, qualifiée de téméraire et d'aventureuse par les historiens, et principalement par M. Henri Martin, offre un vif intérêt ; et de judicieuses réflexions viennent justifier le vainqueur du reproche qui lui est adressé ; Charles VIII prépara l'invasion avec une sagesse incontestable et l'accomplit avec une audace qui n'ôtait rien à la prévoyance ; et l'on ne peut s'empêcher de reconnaître dans les dispositions qui précèdent ou suivent la campagne, un plan bien conçu et bien exécuté ; ce qui le prouve, c'est l'ordre avec lequel s'opéra la retraite dans les revers qui suivirent l'occupation, revers qu'il faut attribuer à sa politique déplorable, plus encore qu'à la conduite des Français ; car si elle a été l'objet de reproches fondés sur quelques points, il est certain qu'ils ont été exagérés par les historiens, puisque à *Sienne, les habitants implorent avec instance le maintien d'une garnison française ; à Pise, les supplications vont jusqu'au désespoir ; à son tour, l'armée éprouve une vive sympathie pour les Pisans, et hommes d'armes, fantassins viennent prier le roi de ne point livrer Pise à la domination de Florence.*

(1) Giovio (Paolo), autrement Paule Jove, naquit à Côme en Lombardie, le 19 avril 1483, et mourut à Florence le 11 décembre 1552. Cet historien a laissé de nombreux ouvrages parmi lesquels celui auquel a puisé l'auteur, porte le titre *Historiarum sui temporis, ab anno 1494 ad annum 1547, libri XLV* : six de ces livres ont été perdus en 1527 à la prise de Rome, du 19e au 24e. On le présente comme un écrivain peu digne de foi, partial, corrompu; mais son témoignage doit inspirer toute confiance, quand il parle des Français, qu'il n'aimait pas.

La description du magnifique corps d'armée qui suivait Charles VIII et du matériel dont il était pourvu, suivant le récit de Paul Jove, les détails de cette expédition, les fautes commises par le duc d'Orléans qui eût pu s'emparer de Milan et de Pavie, comme l'affirme Philippe de Commines; puis détrôner Ludovic Sforce, qui était détesté, et tenir Venise en échec, forment de cet épisode un drame émouvant, que nous plaçons, sans hésiter, au rang des meilleures études d'histoire nationale que nous ayons lues : M. Henri Martin nous a paru, à cet égard, moins complet et moins judicieux dans ses appréciations. Nous laissons à regret une foule d'aperçus et d'observations qui rectifient ou expliquent des faits dénaturés par les auteurs; pour n'en donner qu'un exemple, nous rapporterons la discussion relative au nombre des pièces d'artillerie, singulièrement exagéré par la plupart des écrivains, tels que M. Philippe de Ségur, M. de Roquencourt, dans son *Cours d'histoire sur l'art de la guerre*, M. le capitaine Favé, dans son intéressant ouvrage sur la tactique des trois armées, etc. On parle de 240 pièces de canon et 2,040 pièces de campagne ; quant aux pièces légères, on varie de 1,200 à 6,000. Robert Gaguin, auteur contemporain, mentionne expressément *cent quarante grosses pierres* (lisez pièces) *pour artillerie et bastons à feu mille, et deux cents grosses bombardes vastardeurs six mille deux cents*. Dans le panégyrique de Loys de la Trémoille, par Jean Bouchet, on lit : *l'artillerie estoit de mille quarante grosses pièces, cent quarante bombardes, douze cents vastardeurs*.

Dans ce dernier on a mis le chiffre de 1,040 au lieu de 140 ; c'est on ne peut plus évident; de sorte qu'on ne doit compter que 140 canons dans l'armée de Charles VIII, ce qui est déjà assez considérable pour une armées de trente mille hommes, car cela fait près de cinq pièces par mille hommes.

Ce premier point élucidé, passons au mot *vastardeurs* que les narrateurs de l'expédition ont pris pour une bouche à feu ; il vient de l'italien *guastatore;* suivant l'interprétation de M. Curso Romis, le terme italien voulait dire *pionnier*, et encore aujourd'hui il se traduit par *sapeur*. Dès lors il n'y a plus lieu de s'étonner de l'évaluation. Les pionniers étaient aux xve et xvie siècles, employés à réparer les chemins par où devait passer l'artillerie, et peut-être aidaient-ils aussi à conduire les pièces; leur nombre ne doit donc pas surprendre.

Une troisième difficulté se présente dans le transport de la grosse artillerie à travers les Alpes et les Apennins; les historiens ont pris le parti de garder le silence sur ce point, et n'ont eu par conséquent aucune solution à chercher ; toutefois ils parlent des obstacles qu'on rencontra pour conduire l'artillerie au retour ; s'il n'y en avait pas eu au début, lorsque l'armée se rendait à Naples, c'est que les pièces de gros calibre furent transportées par mer à Sarzanne près de la Spezzia. Charles VIII, nous dit un chroniqueur, s'arrêta sept jours à Sarzanne et montra à Ludovic Sforze une partie de son artillerie que celui-ci *prisa moult*. Or, le duc de Milan ayant accompagné l'armée depuis Asti jusqu'à Plaisance, si l'artillerie se fût trouvée tout entière au camp, on n'eût pas songé à la lui montrer à Sarzanne, où il *se prit à l'admirer*.

Une réflexion bien naturelle termine cette critique ingénieuse, nous la citons comme la contre-partie du vers de Boileau :

> Le vrai peut quelquefois n'être pas vraisemblable.

« Il est bon de prouver qu'en général ce qui, dans l'histoire, paraît im-
» probable, n'est point vrai. »

Ainsi se trouve condamnée la manie de plusieurs de nos écrivains amis du paradoxe, qui sont à la recherche de tous les faits invraisemblables signalés dans nos chroniques ou les mémoires des siècles passés , pour en établir l'authenticité ou l'exactitude par le sophisme et tous les prestiges du style.

La bataille de Ravenne, racontée avec cette chaleur d'une âme française qui se plaît à des souvenirs de gloire, mêlés à de tristes revers, offre un double intérêt dans la preuve frappante de la puissance de l'artillerie, dirigée avec habileté par Bayard et d'Alligre , comme dans la mort déplorable de Gaston au milieu de son triomphe.

Paul Jove, que nous avons mentionné, et dont le témoignage non suspect a été soumis à un sérieux contrôle, n'est point le seul qui ait fourni de précieux renseignements sur l'expédition de Charles VIII , et nous citerons encore Guicciardini (1), auquel nous empruntons de courtes réflexions sur l'infanterie française et gasconne, comparée à l'infanterie suisse.

Après avoir loué les qualités belliqueuses de celle-ci, il ajoute que la première, avec la même discipline et la même ordonnance, mais non avec le même courage, allait au combat ; et voici l'explication fort curieuse qu'il en donne.

« C'est que le royaume de France, si puissant à cette époque par sa ca-

---

(1) Guicciardini (Francesco), que nous nommons souvent à tort Guichardin, est un historien célèbre dont on peut invoquer l'opinion en général peu favorable à Charles VIII et à son armée, lorsqu'il en dit du bien. Né à Florence, le 4 mars 1482, il y meurt le 22 mai 1540 ; il a écrit l'*Histoire d'Italie* de 1494 à 1532 ; les cinq premiers livres surtout sont admirés. Quoique hostile au parti français, il rend justice aux qualités de Louis XII et de la Trémouille ; ses héros sont Gaston de Foix et Jean de Médicis.

» valerie et par son grand nombre d'artillerie et par l'habileté des Français
» à s'en servir, était très-faible en infanterie nationale, car les exercices
» militaires n'étaient restés en usage que dans la noblesse, et le peuple
» n'avait plus l'ancien courage de ses pères, parce qu'il s'était adonné ex-
» clusivement aux arts et aux gains de la paix. Les rois, prédécesseurs de
» Charles VIII, craignant l'impétuosité du peuple et l'exemple des rébel-
» lions passées, s'étaient appliqués à le désarmer et à l'éloigner des exer-
» cices militaires, et c'est parce que les Français n'avaient plus de confiance
» dans leur propre infanterie qu'ils se conduisaient timidement à la guerre
» toutes les fois qu'ils n'avaient pas avec eux quelques bandes suisses. »

Si nous avions besoin de confirmer l'opinion de Guicciardini, d'ailleurs
bien répandue sur la défiance qu'inspirait l'infanterie française, nous ci-
terions encore Philippe de Commines, qui s'écrie, en parlant de la bataille de Fornoue : *Nous avions à l'avant-garde trois mille suisses qui estoient
l'espérance de l'ost.*

L'historien de Florence ne nous paraît pas aussi bien renseigné lorsqu'il
attribue aux rois de France le parti pris de désarmer le peuple, dont ils
redoutaient *les rébellions;* c'est la féodalité seule qu'il faut accuser de l'inex-
périence du peuple dans les exercices militaires, car les rois en furent souvent les premières victimes et combattirent les tendances despotiques de
la noblesse seigneuriale.

Troisième période, de 1511 *à* 1589.

L'infanterie suisse était alors sans rivale, et François Ier fit de vains efforts
pour en former une qu'il pût lui opposer; en attendant, il prit à sa solde
des lansquenets et des Suisses. En 1534, il créa sept légions provinciales,
chacune forte de six mille hommes. En 1558, Henri II rendit une ordonnance pour en perfectionner l'organisation. Tant de soins furent à peu
près inutiles, et l'institution ne répondit pas aux espérances qu'elle avait
fait concevoir : l'infanterie française ne voulait pas se battre si elle n'avait
avec elle des lansquenets ou des Suisses. En 1556, François Ier est obligé
de casser sa légion du Dauphiné pour son indiscipline; en 1557, le maréchal de Vieilleville fait tailler en pièces, par sa gendarmerie et ses arquebusiers, plusieurs centaines de soldats des légions qui s'étaient révoltées.

L'arme à feu remplaçait difficilement l'arquebuse, à cause des difficultés
qu'elle présentait au moment du danger. Ainsi, l'arquebuse à mèche de-
venait inutile dès qu'il pleuvait; en 1549, l'armée victorieuse de Henri II,
assaillie dans la plaine de Boulogne par une tempête affreuse, fut obligée

de battre en retraite parce que l'arquebuserie ne pouvait plus tirer, et que l'armée eût été détruite par les flèches de mille à douze cents archers renfermés dans Boulogne.

Vers 1520, les Espagnols imaginèrent de tirer leurs arquebuses sur une fourchette, et les rendirent par ce moyen beaucoup plus maniables ; introduites en France sous le nom de *mousquets*, elles nous furent funestes.

« Leur premier effet fut de tuer deux de nos meilleurs capitaines, le sei-
» gneur de Vendenesse et le fameux Bayard à la retraite de Rebeck, en 1524 ;
» on verra bientôt les mousquetaires espagnols contribuer puissamment
» au désastre de Pavie. »

François Ier s'occupa de l'artillerie avec beaucoup de soin ; il fit fondre à Paris cent grosses pièces d'artillerie de bronze ; il composa les équipages de siége et de campagne, de pièces assez courtes et réduites à un petit nombre de calibres. Charles-Quint, en Espagne, perfectionna la fonte et les proportions des pièces de bronze ; il fit faire à Malaga, pour son expédition de Tunis, douze canons qui furent nommés les *douze apôtres*, et eurent longtemps une grande réputation. Toutefois, son artillerie ne valait pas l'artillerie française, et nous en avons un témoignage irrécusable dans Paul Jove, décrivant l'artillerie de François Ier, réunie à Grenoble avant la campagne de 1515 : deux grandes batailles vont donner une terrible leçon aux Suisses et à la noblesse française, en les punissant de leur orgueilleuse témérité, la bataille de Marignan en 1515, et la bataille de Pavie en 1525.

La première fut gagnée par l'artillerie que dirigeait le sénéchal d'Armagnac au deuxième jour, et qui fut tournée habilement au troisième par les conseils de Bayard ; elle arrêta le choc des phalanges suisses, combattant avec la cavalerie, et brisa enfin les derniers obstacles qui protégeaient les vaincus. François Ier écrit à sa mère : *Madame, le sénéchal d'Armagnac, avec son artillerie, ose bien dire qu'il a été cause en partie du gain de la bataille, car jamais homme ne s'en servit mieux.*

Guicciardini, de son côté, affirme que, sans l'aide de l'artillerie, la victoire serait restée aux Suisses.

Plus tard encore, à la Bicoque, en 1522, la témérité de huit mille Suisses, qui ne voulurent pas attendre l'arrivée de l'artillerie française, fut également punie, et changea en défaite la victoire du maréchal de Lautrec.

La deuxième bataille fut perdue, suivant la plupart des historiens, par l'imprudence du roi, qui se jeta au-devant de l'artillerie dont il masqua le tir avec sa gendarmerie, sans attendre son infanterie. Suivant François Ier, elle fut perdue par la défection des Suisses et la retraite précipitée du huitième escadron de gendarmerie, qui ne seconda pas son attaque.

Paul Jove raconte que les Suisses, saisis de terreur, jettent leurs piques et s'enfuient, malgré l'exemple de leurs officiers qui se font tuer, malgré le désespoir de Diesbach leur chef, au moment où l'infanterie pouvait rétablir le combat. Les Espagnols attribuent à leurs mousquetaires l'honneur de la journée. L'historien, après un examen consciencieux des opinions contradictoires, conclut, en critique impartial et judicieux, que, malgré la faute du roi dans ce mouvement exécuté trop tôt qui lui a été tant reproché, il eût pu remporter la victoire, *si, dans ce grand jour, tout le monde avait fait son devoir.* En relisant avec attention les détails de la journée, sans s'occuper des commentaires nombreux dont elle fut l'objet, on reconnaîtra que François Ier avait bien pris ses mesures, et qu'il a dû se croire trahi plus encore que vaincu... Et que de victoires ont été changées en défaites! que de batailles perdues d'abord et puis gagnées! Un corps égaré n'assiste pas au combat, un autre arrive inopinément pour y prendre part; un troisième, jusque-là sans peur et sans reproche, est tout d'un coup en proie à une panique invraisemblable!

La victoire de Cérisolles, remportée par le duc d'Enghien sur le marquis du Guast, est due à la supériorité de l'artillerie française et à l'habileté avec laquelle furent employées les armes à feu. Charles-Quint en obtint de moins heureux effets, sauf devant les murs de Vienne, en 1529, contre Soliman, où l'artillerie, que l'empereur avait achetée à Nuremberg, sauva la capitale.

Henri II fit subir à cette arme d'importantes modifications; le nombre des calibres fut réduit à six. Il commandait, en 1552, l'armée la plus nombreuse qu'on eût vue depuis longtemps : elle comptait 30 à 40,000 hommes de pied, 20,000 chevaux et 60 pièces d'artillerie.

Le *Livre du Canonnier*, imprimé en 1561, donne, sur la marche de l'artillerie en campagne, des prescriptions qui dénotent une singulière sagacité, et que même aujourd'hui on pourrait recommander avec avantage.

La bataille de Saint-Quentin, appelée dans le temps *la bataille de Saint-Laurent* (elle eut lieu le jour de la Saint-Laurent, année 1557), fut perdue par la faute du connétable de Montmorency, homme de guerre médiocre, qui ne sut faire aucun usage de son artillerie, et dédaigna l'avis de La Rochefoucauld, qui lui conseillait de réunir sa cavalerie, au lieu de s'étendre sur un seul rang. Les Espagnols ne se servirent, dans ce combat honteux pour nos armes, que de leur cavalerie.

Dans les guerres de religion sous Henri III, les huguenots eurent des chefs expérimentés; mais les armées royales avaient l'avantage de la discipline, du nombre, de l'organisation et d'une bonne artillerie; les principales actions consistaient en escarmouches, en prises et reprises de postes, où l'arquebuse et le mousquet jouaient le premier rôle. Un tel genre de guerre développa les principes de tactique et de stratégie jusqu'alors ignorés ou rarement mis en usage.

Le prince de Condé n'avait, au combat de Saint-Denis, que deux canons. En 1562, ayant échoué avec l'amiral de Coligny, au siége de Paris, il se retire vers la Normandie ; il y est suivi par le duc de Guise, le maréchal de Saint-André et le connétable Anne de Montmorency, à la tête de l'armée royale ; il se trouve forcé d'en venir aux mains près de la ville de Dreux, n'ayant que sept pièces de canon contre vingt-deux. Le combat dura cinq heures, pendant lesquelles le sort des armes changea plusieurs fois ; mais le prince de Condé et Coligny ne surent pas se servir ni de leurs canons ni de leur infanterie, tandis que le duc de Guise fit agir habilement la sienne, et décida la victoire en sa faveur par son génie militaire.

En 1567, au combat de Saint-Denis, le connétable de Montmorency, qui y perdit la vie, ne sut pas remporter une victoire décisive, malgré l'immense supériorité du nombre et de l'artillerie ; c'est que le duc de Guise n'était plus là !

Au combat de Jarnac, en 1569, où périt le prince de Condé, l'armée du duc d'Anjou manœuvra fort habilement pour surprendre le passage de la Charente ; Coligny, qui avait éparpillé ses forces sur divers points de la rive qu'il voulait défendre, ne put résister et se retira sur Jarnac, où il rejoignit le prince de Condé ; plus tard, l'amiral essaya de prendre sa revanche en attaquant l'armée royale au poste de la Roche-Abeille, et il fut sur le point de se saisir de son artillerie, lorsque la pluie survint et arrêta ses arquebusiers, en éteignant les mèches des arquebuses.

La bataille de Moncontour, gagnée la même année par le duc d'Anjou, montre, d'un côté, l'imprévoyance des troupes protestantes, surprises par l'armée catholique ; de l'autre, le bon effet de l'artillerie bien placée et bien dirigée ; le succès fut dû à la réserve du maréchal de Tavannes.

A l'apparition de Henri de Bourbon, roi de Navarre, la fortune change le camp. Ce qui prouve l'influence qu'exerce le génie du chef, c'est que, depuis vingt-cinq ans, les troupes protestantes avaient toujours été battues. La bataille de Coutras, en 1587, fut gagnée sur l'armée catholique, commandée par le duc de Joyeuse, grâce aux dispositions de Henri de Bourbon, qui fit agir à propos son artillerie, tandis que celle des catholiques ne produisit que peu d'effet. — Cette période est terminée par un résumé qui renferme en principe toutes les améliorations que la réflexion, de fortes études et l'expérience ont inspirées au fondateur du deuxième Empire, à l'héritier de Napoléon ; on y reconnaît la puissance que devait acquérir

l'arme à laquelle nous sommes redevables des victoires de Crimée et d'Italie ; de celle de Solférino, où les canons rayés produisirent un effet irrésistible ; et nous terminons l'étude de la troisième période par cette pensée qui rappelle l'un des services les plus signalés qu l'on doit à l'artillerie :
« Au XVIe siècle, l'Europe tremblait devant les Turcs. L'artillerie vint arrê-
» ter les progrès de ces redoutables ennemis ; c'est assurément une des
» plus grandes gloires du judicieux emploi de la poudre à canon, que
» d'avoir rendu à jamais impossible une nouvelle irruption de barbares
» dans le monde civilisé. »

De 1589 à 1643 ou de Henri IV à Louis XIV, période de 54 ans, plus remarquable que les précédentes, au point de vue stratégique. Cette dernière étude est sans contredit la plus intéressante et la plus instructive, parce qu'elle embrasse presque tous les devoirs d'un chef d'armée ; il faut bien le reconnaître, les difficultés que présente la guerre augmentent avec les progrès de la science, des arts et de la civilisation ; les razzias, le pillage, avec les horreurs qui en sont la suite, entraient naturellement dans les conditions ordinaires de la conquête ou de l'invasion ; et la guerre nourrissait la guerre, mieux encore, elle enrichissait le vainqueur, qui mettait dans la balance la lourde épée de Brennus, lorsqu'il accordait trêve ou merci ; aujourd'hui, c'est le contraire, et soit humanité, soit calcul, il est de principe qu'il faut épargner le vaincu, respecter les propriétés privées, et vivre à ses dépens même sur les terres ennemies ; en outre, on n'a point affaire, en général, à des peuples timides, sans expérience et sans armes ou mal armés ; la guerre est un duel dont les conditions ont été réglées par l'usage et le droit des gens ; on y déploie sur un champ de bataille plus ou moins vaste toutes les ressources de l'intelligence et l'adresse, autant que le courage, sans oser recourir à des ruses que l'honneur n'admet pas, sans employer des violences que l'humanité a condamnées ; la période qui nous occupe nous présente trois grands capitaines que distinguent des mérites divers : Henri IV, Maurice de Nassau et Gustave Adolphe.

« Henri IV, dit le Prince, génie hardi, quelquefois même téméraire,
» triomphe par l'habileté de ses mouvements stratégiques, par la prompti-
» tude avec laquelle il saisit sur le champ de bataille les circonstances qui
» lui sont favorables ; il dispose toujours avec habileté des éléments,
» même insuffisants, qu'il a sous la main, mais il ne modifie et ne per-
» fectionne pas ces éléments.

» Le prince de Nassau, esprit plus méthodique, s'occupe surtout de
» l'organisation de son armée et des moyens d'en perfectionner la tactique,

» et quoique doué également du génie militaire, il triomphe plutôt par les
» soins qu'il apporte dans les manœuvres, dans l'armement, dans la dis-
» position de ses troupes, que par des mouvements stratégiques.

» Gustave-Adolphe hérite, pour ainsi dire, du génie des deux premiers ;
» il unit l'esprit de détail à l'esprit d'ensemble et, s'il perfectionne tous les
» rouages élémentaires de son armée, c'est pour faire triompher à la fois
» les grands principes de tactique et de stratégie. »

Nous n'ôterons rien au mérite de ces portraits, tracés d'une main
ferme et habile, en ajoutant qu'il importe, en de telles appréciations,
de tenir compte des circonstances ou des milieux dans lesquels vécurent
ces illustres capitaines ; le génie est moins spécial, moins étroit qu'on
ne le suppose, et Henri IV, que sa position rendait hardi, téméraire,
eût montré la prudence de Maurice de Nassau, s'il eût eu un autre champ
de bataille et d'autres adversaires ; nous en dirons autant de celui-ci ou
de Gustave-Adolphe, qui eussent moins songé aux manœuvres et à la
tactique de leurs troupes, s'il avait fallu combattre pour la couronne,
pour la vie même et contre des troupes françaises. Sous Henri IV, l'infanterie tient encore peu de place ; elle combat dans un ordre profond,
par suite, agit lentement et sans élan ; la cavalerie joue un grand rôle ;
elle est disposée en petits escadrons, et, les charges, faites sur un seul
rang jusqu'alors, par suite peu redoutables, s'exécutent sur cinq, parfois
sur sept ou sur dix rangs. L'artillerie manquait souvent à l'armée du roi
de Navarre ; elle devint l'objet de ses soins lorsqu'il eut pacifié la France,
sans ajouter pourtant à son organisation. L'artillerie allemande avait fait
plus de progrès, légère et mobile autant qu'il le fallait pour suivre
et seconder les mouvements de la cavalerie. Au combat d'Arques,
l'excellence de la position, le tir de deux pièces bien dirigées, le secours
tiré du château, dont le feu plongeait sur les troupes du duc de Mayenne,
donnèrent la victoire au roi de Navarre ; la bataille d'Ivry, le 15 mars
1590, fut également gagnée par le bon effet de l'artillerie, que vint compléter une charge de cavalerie à laquelle rien ne résista.

« Le roi, entraîné par son courage, avait disparu dans la mêlée ; l'in-
» quiétude était grande ; mais bientôt on le vit revenir à la tête de son
» escadron ; alors un immense cri d'allégresse retentit sur tout le pont et
» on put le féliciter de la victoire. »

Maurice de Nassau, au combat de Turnhout, en 1597, et à la bataille
de Nieuport, en 1600, d'une plus grande importance, fit de savantes
manœuvres pour placer avantageusement son artillerie ; l'ordre de bataille, qui lui valut la dernière victoire sur les Espagnols commandés par

l'archiduc Albert, lui permit de réparer sans cesse des échecs partiels.

« La guerre des Pays-Bas passait avec raison, au commencement du
» XVIIᵉ siècle, pour la meilleure école militaire ; la plupart des généraux
» qui acquirent plus tard une grande célébrité, y firent leur apprentis-
» sage, tels que Tilly, le prince de Saxe-Weimar et Turenne. »

Gustave-Adolphe s'applique à rendre son armée mobile en allégeant son
artillerie, subdivisant l'infanterie et la cavalerie qui forment des unités
complètes sous des chefs particuliers ; il s'exerce surtout aux manœuvres
qui permettent de changer l'ordre en colonne pour prendre l'ordre en bataille sous les feux de l'ennemi ; son régiment n'avait que 1,008 hommes,
divisés en huit compagnies et combattant sur trois rangs seulement ; il
n'employa jamais les tirailleurs, jugeant les longues escarmouches inutiles ; il perfectionna les armes à feu portatives, qu'il rendit plus légères,
par conséquent plus faciles à manier.

« Personne ne l'égalait, dit Chenmitz, à mener l'armée contre l'ennemi
» ou à conduire la retraite... il était impossible de mieux connaître la
» fortification, l'attaque et la défense...

» Disons encore que Gustave-Adolphe avait soumis ses troupes à une
» discipline sévère à la fois et libérale ; la faveur n'avait aucun empire
» dans les encouragements, et nul ne parvenait sans avoir parcouru
» tous les grades : donnant l'exemple de toutes les vertus militaires,
» il s'exposait aux mêmes dangers, partageant les mêmes fatigues et les
» mêmes privations que le dernier de ses soldats, couchant en plein air,
» au milieu d'eux. »

Nous passerons les détails, d'ailleurs pleins d'intérêt, qui complètent
ce bel éloge et le justifient dans les dispositions habiles qu'il prit en
toutes ses rencontres avec de grands généraux : soit à Leipzik, en 1631,
où il vainquit Tilly, au passage du Leick, en 1632 ; soit à Lutzen, en
1632, contre Walenstein.

Sous Louis XIII, l'œuvre de Charles VII, de Louis XI et de Henri IV,
est reprise par Richelieu ; ce grand ministre pacifia la France, fit respecter l'autorité royale, dompta les vassaux qui ne voulaient pas reconnaître un pouvoir supérieur, repoussa les attaques étrangères et releva la
fortune de la France ; les progrès de l'art militaire furent rapides et
remarquables ; l'infanterie prend à son tour le premier rang jusqu'alors
occupé par la cavalerie ; les bagages furent réduits et simplifiés ; la cavalerie eut des mousquets ; l'artillerie s'enrichit de deux nouveaux calibres, elle eut des pièces de 24 et de 12. Les bombes furent, à cette
époque, mises en usage dans les siéges ; les premières parurent, en

à notre époque frivole et préoccupée seulement des intérêts matériels ; les œuvres de longue haleine, riches de faits et de réflexions sérieuses, où l'on trouve cette moelle d'érudition, qui nous plaît dans Montaigne et dans Rollin, ont bien peu de lecteurs ; on ne lit plus ou on lit mal, en courant, pour avoir le droit d'émettre un avis sur un livre qui porte un grand nom ; dans les journaux qui passent tous les jours sous nos yeux, on va droit au feuilleton-roman et toute discussion qui vise à la science ou à l'étude consciencieuse d'un problème social, économique, est mise de côté, si elle exige une attention d'un quart d'heure, tant on craint de perdre du temps, ce capital si précieux, comme disent les Anglais, nos modèles et nos maîtres, *time is money.*

Voilà pourquoi nous résumons, en un mot, notre pensée sur l'ensemble de cet ouvrage.

L'auteur y a déposé tout le fruit des longues et sérieuses méditations de l'exilé et de l'expérience de l'homme d'État. Après avoir longuement réfléchi sur la merveilleuse histoire du héros de sa race, il y a puisé des enseignements précieux qu'il a fécondés par l'effort de sa propre pensée. Il a porté son attention sur les lieux, les temps et les personnes qu'il devait étudier et connaître, pour donner à chacun et à chaque chose la place qu'ils doivent occuper dans la chaîne des événements. Les circonstances avaient exigé de l'empereur Napoléon l'action soudaine d'un génie impétueux, confiant en son étoile ; la France avait demandé un pouvoir fort, une autorité sans contrôle et des institutions dont elle avait senti le besoin ; en devait-il être ainsi à une époque différente ? Ce qui fut le salut de l'État un jour pouvait le perdre plus tard ; à Sainte-Hélène, l'empereur répétait cet aphorisme politique :

« *Dans les faits contemporains comme dans les faits historiques, on peut* » *trouver des leçons, rarement des modèles.* »

Il proclamait, avec l'autorité de l'expérience et de la réflexion, son respect pour l'opinion publique, dont il avait négligé les avertissements, lorsqu'il se croyait invincible.

« *L'opinion publique est une puissance invisible, mystérieuse, à laquelle rien* » *ne résiste... Toute capricieuse qu'elle est, elle est cependant vraie, raison-* » *nable, juste, beaucoup plus souvent qu'on ne pense.* » (18 novembre 1815.)

Ces leçons de la sagesse, qui empruntaient au génie tant d'autorité, au malheur tant de grandeur poétique, elles semblent avoir eu sur les idées de l'illustre auteur dont nous avons rapidement analysé les œuvres, une influence qui se reflète dans la plupart de ses écrits.

Un mot encore avant de quitter la plume. Que dire du style et de l'écrivain? Buffon a dit: *le style, c'est l'homme.* Pour les esprits superficiels et amis du paradoxe, cette pensée semble fausse ou exagérée, parce qu'il fut des écrivains qui honorèrent la vertu dans leurs livres et la négligèrent dans leurs actions, comme Sénèque, Salluste, et quelques autres; parce qu'il est des prédicateurs de charité fort peu charitables; nous l'estimons plus vraie, plus générale qa'on ne croit, et dans une foule d'exemples, il est permis de trouver une application des plus incontestables de cette belle maxime ; — ici, rien ne nous apparaît avec autant d'évidence, rien n'a été moins contesté, tant cet accord du style et du caractère a frappé les intelligences de tous les degrés !

Qui mettrons-nous à côté de Napoléon Ier parmi les penseurs, les écrivains ou les orateurs de nos jours? Concision et rapidité, grandeur des images, langage pittoresque en harmonie avec l'élévation de la pensée, style coupé, brusque, inégal; le plus souvent simple et familier, presque toujours, à une époque surtout, empreint d'une pompe orientale, qui ne fait point disparate; c'est Alexandre ou César écrivant comme ils agissent, et toujours l'expression va s'épurant, sans cesser d'être colorée, vive, animée, du général au consul, du consul à l'empereur, au législateur, au sage que l'adversité entoure de son auguste auréole. Le neveu écrit autrement que le héros de Sainte-Hélène ; il n'écrit pas moins bien, nous dirons même qu'il écrit mieux, avec moins d'inspiration, sans doute, car on sent partout la correction et le travail ; la fin et le milieu répondent au commencement ; clarté, bon sens, argumentation lumineuse plus que pressante et persuasive, simplicité d'expression, éloquence du cœur, qui dédaigne l'artifice et l'arrangement des mots ou des phrases à effet ; point de déclamation, on dirait la raison qui parle en s'adressant à la raison qui apprécie et juge ; nous ne voyons rien dans l'antiquité ni dans les temps modernes, qui ressemble à ces allocutions graves ou familières, adressées tantôt au peuple, tantôt à l'Assemblée législative, tantôt au Sénat, tantôt à l'armée, aux souverains, etc.

Parmi les appréciations qu'on a faites du caractère et des actes du Prince, nous n'en connaissons point de plus curieuse que celle qu'on lit dans les Mémoires de M. Guizot ; elle en dit bien plus qu'elle ne semble dire, quand on considère le personnage discret et retenu qui parle, l'autorité qu'il donne à ses confidences, l'importance du rôle qu'il a joué. L'embarras qui se manifeste dans le ton, pour l'ordinaire si magistral de l'ancien ministre, nous rappelle involontairement le vers d'Agrippine :

> Mon génie étonné tremble devant le sien.

(1840) « Le jour même où je quittai Londres pour me rendre au château d'Eu, le 6 août, le prince Louis-Napoléon, vers quatre heures du matin, débarquait près de Boulogne, et avec *son nom seul pour armée* tentait une seconde fois la conquête de la France. Quel ne serait pas aujourd'hui l'étonnement d'un homme sensé, qui, après avoir dormi depuis ce jour-là du sommeil d'Épiménide, verrait en se réveillant le prince sur le trône de France, et investi du pouvoir suprême? Je ne relis pas sans quelque embarras ce que disait tout le monde, en 1840, et ce que j'écrivais moi-même de ce que nous appelions tous une folle et ridicule aventure, et de son héros. Quand je le pourrais en pleine liberté, je ne voudrais pas, *pour ma propre convenance*, reproduire aujourd'hui le langage qu'on tenait partout alors. La *Providence* semble quelquefois se complaire à confondre les jugements et les conjectures des hommes. Il n'y a pourtant, dans l'étrange contraste entre l'incident de 1840 et l'Empire d'aujourd'hui, rien que de naturel et de clair. Aucun événement n'a ébranlé la foi du prince Louis-Napoléon en lui-même et dans sa destinée; en dépit du succès d'autrui et de ses propres revers, il est resté étranger au doute et au découragement. Il a deux fois bien à tort et vainement cherché l'accomplissement de sa fortune; il a toujours persisté à y compter, et il a attendu l'occasion propice. Elle est enfin venue et elle l'a trouvé toujours confiant et prêt à tout tenter; grand exemple de la puissance que conserve dans les ténèbres de l'avenir, la foi persévérante, et grande leçon à quiconque doute et plie aisément devant les coups du sort. »

C'est le plus bel éloge que l'on puisse faire d'un homme, prince ou simple citoyen.

En terminant à regret cette longue étude, acceptée avec crainte, commencée avec une trop juste défiance de nous même, poursuivie avec un intérêt toujours croissant, il nous resterait à indiquer les passages qui ont le plus vivement attiré notre attention et dont nous ferions le seul ornement de notre écrit: mais il nous semble plus simple de renvoyer à l'ouvrage même, car, en lui empruntant beaucoup, on regretterait toujours d'y laisser plus et mieux que ce qu'on lui aurait pris.

LES MEMBRES DE LA COMMISSION

De Pongerville, de l'Académie française, *membre de la 2ᵉ classe*, membre du Conseil général de la Seine;

J. Barbier, *membre de la 2ᵉ classe*, président à la Cour impériale de Paris;

J.-P. Valat, *membre de la 3ᵉ classe*, agrégé es-sciences physiques et mathématiques, rapporteur.

IMPRIMERIE DE L. TOINON ET Cⁱᵉ, A SAINT-GERMAIN.